New Way

New Way14

CEO領導力

Strategy in Handling People

John Morgan & Ewing Webb ◎ 著
王權典 ◎ 譯

匡邦文化

Contents

Contents

Contents

向名人學交際

偉人的價值不在他的聲名，而是造成他獲得聲名的原因，在於他們爲人類帶來的「不可磨滅的種子」。——叔本華

有效的溝通方式

面對記者的採訪，胡佛通常只簡短回答「是」或「不是」。《芝加哥日報》記者保爾．理奇非常煩惱，他這時正在胡佛的專車上，還和胡佛坐在同一節車廂裡。他緊緊地跟著胡佛，對他而言，這是一個採訪的絕佳機會，然而胡佛卻不願意多談一些，眼看就要錯過這個難得的機會了。

理奇好幾次談到胡佛平時最感興趣的話題，想引起胡佛的興趣，卻無功而返。理奇遇到了一個難題：他要想辦法讓一個比他年長、地位比他高的人對他產生好印象，然而，這位人物對他卻非常冷淡，甚至可以說是不以爲然。在這種情形之下，理奇要怎麼

做才能引起胡佛的注意呢？

理奇回憶說：「正當我感到絕望時，老天幫了我一個忙，我無意中對一件總統很內行的事情，發表了明顯錯誤的見解，當時火車正從內華達州經過，我眺望著那些寂靜、淒涼的荒地和遠處煙霧繚繞的群山，說道：『嘿！沒想到這個地方還在用鋤頭和鏟子進行人工墾殖呢！』聽我這麼一說，總統立刻說道：『近代以來，一些先進的機械方法早已取代了舊式的、漫無目的的開墾了。』接著，他差不多整整談了一個小時有關墾殖的話題，甚至越談越有興致，後來話題還涉及了石油、航空、郵遞等其他方面的問題。」

當時的胡佛是世界上最重要的人物之一，他以共和黨總統候選人的身份到巴羅・阿爾妥巡迴演講。在他的專車裡，不知有多少人都期盼著能有機會和他談話，引起他的注意。然而，他卻與一個素不相識的青年興致勃勃地聊了大約兩個小時。

理奇成功地達到了目的——這番談話使胡佛對這個小夥子有了很深的印象。在這個例子中我們可以看到，理奇並不是以知識來獲得這次機會的，反而因表現出自己的孤陋寡聞，使胡佛有指正他的機會，無形中達成了採訪的目的。

實際上，理奇偶然運用的策略，不過是人際專家在應付別人時所運用的一些最簡單，又最普通的方法之一，而本書所要討論的，就是這些神奇的溝通方法。

法。

在本書中我將試圖讓你明白這些方法的重要性，並告訴你如何成功地運用這些方法。

在社交的場合中，越有成就的人越是謹慎，隨時留心一般人可能忽略的事物。許多人擁有超凡的才能、活躍的思想、勤奮又忠誠的工作態度，可是，卻不願動腦筋學習待人處世的方法，正因爲如此，在實際生活中他們往往會受到許多挫折。

感化他人的策略

凡是成就非凡的人物，他們待人處世最重要的技巧之一，就是善於培養、運用感化別人的能力。這種技巧被聖達菲鐵路總經理威廉・斯托里稱爲「領導人才的策略」。

舉例來說，有人問美國國際公會會長馬修・布拉什，獲得成功的最佳途徑是什麼？他的回答是：「去向一個事業有成的人學習吧！認眞地學習他的經驗，就像向音樂家學音樂一樣。」

一般人都以爲，這些傑出人士在觀察別人時，要比常人更仔細；他們具備很多關於人性心理的知識，在與別人打交道時，都擅長運用心理學的基本原理。然而，事實是，雖然他們在交際中經常用到這些方法，但是他們對此並沒有什麼清晰明瞭的概念。對他們而言，這似乎是自然而然的事，很難清楚地解釋他們所應用的方法。

有許多大人物的秘書後來也都擁有傑出的成就，這其實是顯而易見的道理，因爲他們每天都有機會觀摩老闆的行爲模式，耳濡目染之下，便學會了那些高超的待人技巧。有好幾百位著名的政界領袖，都是從擔任知名領袖人物的秘書開始一生的事業。透過這樣的良機，學到了一些不爲人知的領導技巧。

本書所要講述的就是卓越人士的領導策略，簡單實用，能幫助我們解決許多和別人相處的問題。

第1篇

贏得好感 廣結善緣

一旦你和一個人親近，了解他的想法和情感的時候，他不僅變得可以理解，而且成為有吸引力的。

提高他人自我價値感

聰明的人，知道該在什麼情況下，適時接受別人的幫助，好讓別人有一種施惠於人的滿足感與成就感，這種行爲比魯莽地助人更能贏得他人的心。

乞人小惠，贏得好感

班傑明・富蘭克林與安德魯・卡內基在早年的奮鬥時期都曾運用很有技巧的策略。

當時，年輕的富蘭克林在費城開了一家小小的印刷廠，他在州議會中被推舉爲賓夕法尼亞議會下院的書記員。但是，就在正式選舉之前，一位新當選的議員向他發難，公開發表一篇措辭尖銳的反對演說，簡直把富蘭克林貶得一文不值。

對於這樣出其不意的攻擊，富蘭克林該怎麼辦才好呢？

事後，富蘭克林回憶道：「坦白說，聽了這位新議員的反對意見，我很不高興。然而，對方是一位極有名望、學養甚深的紳士，他的傑出才能使他在議院中有舉足輕重的地位。當然，我從來沒有想過要在他面前表現出阿諛奉承的態度來討好他。在他那次演講後，我採取了另外一個更適當而有效的方法。

「當我聽到有人提起他收藏了幾套非常名貴、稀有的書之後，就寫了一封信給他，表達我想閱讀這些書籍的強烈願望，希望他能慨然應允，讓我借閱幾天。收到我的信後，他立刻就把書送了過來。過了一個星期後，我將那些書準時送還給他，並附上一封熱情洋溢的信，對他的慷慨表示衷心的感謝。後來，當我們在議院偶遇的時候，他居然主動和我攀談起來（他以前是絕對不和我說話的），而且語氣非常客氣。臨別的時候他答應盡可能地幫我，就這樣，我們成了知己，我們的友誼一直維持到他去世。」

而安德魯・卡內基的副手，那位古怪又可愛的派珀中校，在一次緊要關頭竟然想置他於不顧。

當時，他們倆正在聖路易斯的某個地方，準備爲卡內基公司剛修好的一座橋徵收稅款。可是就在這時，派珀突然害起思鄉病，他心血來潮，要搭夜班車立即回匹茲堡去。眼看卡內基的全盤計劃，就要被派珀一時的孩子脾氣破壞了。

在這節骨眼上，卡內基忽然心生一計，不動聲色地和派珀談起另一個話題。他平時就注意到派珀對良駒有特別的愛好，所以卡內基就對派珀說，他聽說聖路易斯是以產名駒著稱的，而他一直想買一匹好馬送給他的姊妹，供她們駕車之用，所以他請求派珀不要這麼急著回去，以便能幫他選上一匹好馬。

聽了這番話之後，派珀果然很樂意地留了下來。

「這個香餌果然釣上了魚兒。」卡內基說道：「我們終於如期地收回了那座橋的成本，派珀也完成了一項光榮使命。」

就這樣，卡內基成功地把派珀留在鄉下，而且一點也沒有引起他的不快。正如富蘭克林一樣，卡內基透過向對方乞取一點小惠，達成目標。

如果在運用「乞取小惠」的策略時，你表現得很冷淡，就會讓別人覺得你是想用這種方法來騙取他的好感。由此可見，當我們讓別人感覺到，我們是發自內心地需要他的友誼和幫助的時候，這一策略就成爲別人對你產生好感的妙策了。

請求協助，獲取認同

人就是這樣的動物，對於別人請求自己幫忙，通常都會感到很高興，尤其是別人所請求的事情恰好又是自己最擅長的。

這個策略之所以能獲得如此巨大的成效，是因爲它契合了人類天性中一種潛在的需要。這種所謂潛在的需要，如何在富蘭克林與那位議員的關係上發揮作用？

爲什麼那位議員對富蘭克林的鄙視會在一夜之間完全消失呢？是什麼因素發揮如此重大的作用？

原來，在借書的這個小小舉動裡，富蘭克林在無形之中向議員委婉地表達了推崇之意，主動地把自己置於一個較低的位置，而把對方置於高於自己的位置。這樣一來，使議員覺得自己受到尊重，明白自己在別人心目中的重要性。按照心理學的說法，富蘭克林以這個策略啓動了別人的自尊心（Ego）。

「Ego」這個字，在拉丁文中是「我」的意思。心理學家用這個字來表明我們「自己」所擁有的「觀點」。這是人們對自我重要性的基本判斷，抽象的說，這是我們在自我觀照時，爲自己畫的一幅自畫像。

在人類的一切慾求中，最強烈的就是維持「自尊心」，當我們向別人提出意見，而這些意見又剛好與對方的想法吻合時，我們就能獲得他的好感，因爲我們已經滿足了他的基本心理需要。

所以，幫助他人維持「自尊心」，這是獲得別人認同的最佳策略。實行這種策略，有許多簡易的方法，富蘭克林和卡內基所應用的方法就是其中之一，那就是：在既能使別人感到高興，又不增加別人困擾的情況下，主動請求別人的幫助。

施與受大有學問

我們不也有過這種經驗嗎？當我們給予別人某種幫助時——想到自己的舉手之勞被其他人心懷感激地接受時，我們的感覺是很愉快的。

另外一種情況是，我們若接受一個人太多的恩惠，有時反而想避不見面。爲什麼會造成這種情況呢？因爲我們幫助別人時，我們的「自尊心」得到了滿足；反之，我們受到別人過多的幫助時，我們的「自尊心」在無形中就會受到傷害。

當然，對於那些在日常生活中的關懷，或是對我們表示尊敬的行爲，這種解釋當然就不適用了，因爲這表示我們在別人眼裡是重要的人物，非但不會使我們感到痛苦，反而會使我們覺得愉快。所以經常表現關心，倒是贏得別人好感的辦法。

如果你對別人的幫助過了頭，使別人覺得自己軟弱無能，引發了他的自卑感，就會導致他爲自己的「沒出息」而苦惱；如果這種苦惱對他觸動太深，他就會把煩惱的原因歸結到幫助他的人身上，而對那個人心存芥蒂。

富勒頓，一位交際廣闊的知名記者就曾經說過，他最大的敵人就是那些得到他幫助最多的人。

所以，所有領袖人物都看到了這一點：幫助別人的時候，應當採取委婉而巧妙的方式。這樣既能維護別人的自尊心，又給他一種強烈的刺激，使他對你心存感激，希望自己有朝一日也能幫你的忙，報答你的好意。

聰明的人，知道該在什麼情況下，適時地接受別人的幫助，好讓別人有一種施惠於人的滿足感與成就感，這種行爲比魯莽地助人更能贏得他人的心。

亨利・斯坦頓，一位芝加哥著名的廣告商，察覺到一個老朋友正漸漸地疏遠他，甚至快要背叛他了。由於這位朋友是工程師，於是亨利・斯坦頓誠懇地請他擔任自己新家的水管系統的設計總監，並且希望他能對此發表一點意見。

這位工程師爽快地接受了邀請，並出乎意料地勤奮工作，還提出了許多切實的意見，再把那些設計好的藍圖給他。於是從那一天起，他們倆的交情又恢復往日的狀態。

大千世界，無奇不有。人，當然也是形形色色的。然而，上述的策略是根植於人類的一種普遍需求，所以，它大致適用於所有人，而且能取得明顯的成功。無論是對待上司還是下屬、對待陌生人還是親友、對待認同我們或對我們不滿的人，都不啻是一帖萬靈藥。

不過，我們在和別人交往的過程中，還有一點必須留心，那就是：每個人的與眾不同之處，就是他們的嗜好和習慣。請求別人提供一些觸及他們個人的特殊興趣或事物時，別人不但樂意賜予，還對我們有了好感。

這就是成功者感化別人的方法之一，進一步觀察他們所運用的方法，我們會發現，他們之所以能取得成功，誠懇佔了極大的因素，正是這種態度，使別人產生深切而眞實的好感。

在成功者所運用的策略背後，隱含著對於別人需要的深切了解，以及他們見好於人的至誠欲求，羅斯福就是一個很好的榜樣。

一位心理學者曾說過：「羅斯福之所以能獲得如此崇高的聲望，大致可歸功於平時對別人的事特別感興趣。」他的特長就是對別人有一種眞誠的、深切的關懷，對他們有一種溫和的同情心。

Tips

謙和的態度，常常會使別人難以拒絕你的要求，這也是一個人無往不利的要訣。——松下幸之助

令人心悅誠服

在與人交往的過程中，必須眞正對人產生興趣，並記住他們的愛好及習慣，然後表示重視及關懷，如此一來，別人自然會接納我們，並樂於與我們合作。

讓別人體會你的關心

在一次筵席上，民主黨的羅斯福發現有許多自己不認識的共和黨員出席。這些人顯然是認識羅斯福的，不過之前沒打過什麼交道，所以彼此之間只是一種禮貌性的、表面上的應酬而已。可是在散席之前，羅斯福打算對他們每個人表示一點好感。

羅斯福剛從非洲回來不久，正準備參加一九一二年選舉，對他而言，這是一次展現自己魅力和風格的好機會。

當時坐在羅斯福旁邊的是洛思瓦特博士，他回憶道：「在彼此寒喧之後，羅斯福湊到我耳邊輕輕地說：『洛思瓦特，介紹一下坐在我對面的這些人。』於是，我簡要說明每個人的性格特點。」

接著，羅斯福就開始向這些從沒接觸過的人「進攻」。因爲他已經摸清了對方的底細，弄清楚了他們每個人最自豪的是什麼、曾經做過什麼引以爲傲的事、有些什麼特殊的喜好等。

從這一件事，我們可以得知羅斯福「私人交際天才」的稱號是怎樣得來的了。洛思瓦特博士接著又回憶道：「因爲有了這些基本資料，羅斯福立刻就有了和每一個人談話的話題了。」

爲了和這些自己不認識的人應對，羅斯福不厭其煩地打聽他們的情況。這樣，才能夠引起他們談話的興致，也才會感到羅斯福對他們的重視。透過這一方法，羅斯福幾乎讓宴會上的每一個人都感到滿意，留給大家美好且深刻的印象。

這是羅斯福的「慣用伎倆」。他當了總統以後，知名新聞記者馬科森也說過：「在一個人進來謁見他以前，他早已打聽到關於這個人的一切情況。人多多少少都有虛榮心，所以對虛榮心最有效的奉承，不外乎就是讓別人覺得你對他們的一切事情都很關心，而且你把這些事情都牢牢地記在心上。」

偉大的領袖人物都了解這個道理，那就是：天底下沒有兩片完全相同的樹葉，同樣，也沒有兩個完全相同的人，所以應當以各不相同的方法去對待他們。

他們都明白這個事實：人與人之間最明顯的不同存在於個人興趣裡，如果能找出來並加以利用的話，便能取得事半功倍的效果。所以，要想了解一個人，首先就得掌握與他們有關的一些資訊，譬如構成這些人的生活習慣，他們曾經說過、想過、做過的事情，他們的習慣，他們的癖好，以及他們對某些問題的看法，這些都在你應該了解的範圍之內。

這種處世策略的要旨，就是從外圍突破，在進入堡壘之前，先對堡壘周邊的環境有一個大致的瞭解，做到心中有數，有了這樣的基礎，接下來一步步接近目標時，你才會胸有成竹、不慌不忙，準確地揣摩對方的心思，最後輕鬆地達到自己的目的。

有一位能幹的推銷員，就把這種大家依之而生活，依之而活動的個人小宇宙，稱爲「私人遊樂場」。大人物能獲得異於常人的成就，部分原因就在於與別人打交道時，能順利地進入對方的「私人遊樂場」。

加理剛剛就任美國鋼鐵公司總經理時，就遇到了一個很棘手的問題，他的新同事並不怎麼擁護、認同他，他幾乎得不到任何人的支援，因此工作開展得特別慢。

一個和加理很熟的人說：「有一次他對我說，在他擔任鋼鐵公司總經理之初，有許多同事都不怎麼歡迎他。他必須改變這種狀態，而要消除這一障礙，首先得研究一下大家之所以不歡迎他的原因，並且想辦法和他們交朋友，才能促使他們配合，進而改善自己的境況。」

加理寫給下屬有關業務的信件裡，常會夾雜一點私人的談話。他總在信中寫上一兩行收信人最感興趣的事情，或稱讚他在某一方面的特殊造詣，或問候他的家人和朋友，或提到他們上次會晤的愉快情形。就這樣，沒過多久，加理幾乎贏得了所有同事的擁護和愛戴。

讓別人體會你對他的關心，其實是很簡單的，而且結果往往超過預期。

盡己所能，關心他人

馬克・漢納是克利夫蘭的大實業家，當時幾乎是世界知名的大人物及美國的政治領袖。一八九六年美國總統選舉，麥金利因爲他的幫助，才順利當選。但是一位倨傲的政治家威廉・皮爾，卻對馬克・漢納非常不滿，甚至接連兩天拒絕和他見面。由於皮爾偶然讀到一家報紙對漢納的誹謗，他對漢納的印象因而變得非常糟糕，如同躲避瘟疫一樣躲著漢納。在皮爾眼裡，漢納只是一個「笨蛋」，一個克利夫蘭的「暴發怪物」。

後來皮爾的朋友勸他，為了政治前途，還是得和這位共和黨領袖接觸。皮爾權衡了利弊得失之後，決定自己做出一點讓步，主動去拜見漢納。

在南方某個擁擠、喧嘩的旅館房間裡，雙方自我介紹後，漢納就開始向這個對自己心懷不滿的人進攻了，他不停地說話，幾乎不讓別人有一絲喘氣的機會。

使皮爾大感意外的是，漢納一直在談論與皮爾有關的事情：「你是從俄亥俄來的吧？你是皮爾法官的兒子吧？」這個年輕的政治家著實大感訝異。漢納又感慨地說道，「有許多民主黨的法官遠勝過共和黨的法官。讓我想想，你有一位在阿盧蘭的伯父吧？好，現在你對我的那些政綱有些什麼樣的高見呢？」

於是，這位不久前還對漢納心懷敵意的高傲政治家開口說話了。當他說完後，已是口乾舌燥了。

在幾天後，漢納就得到一個新的忠誠擁護者。之後的八年裡，威廉・皮爾最感興趣的事就是服務他曾經非常討厭的人——馬克・漢納。

創建了佩恩萊亨鋼鐵公司的查爾斯・施瓦布，也是著名錦標賽冠軍騎師，他認為成功領袖公認的利器之一，便是掌握別人的興趣。在第一次世界大戰期間，施瓦布出任緊急裝備軍艦公司負責人，曾運用這個策略指揮一個下屬。

施瓦布對霍格島造船所的所長說，倘若他能夠在一年內把原本預定建造三十一艘軍艦的計劃，增加到五十艘，就送他一頭「全美國最好的澤西牛」。

那位所長非常高興，於是奮發圖強、夜以繼日地工作，眞的達成了目標，締造了有史以來最快的造船記錄。這都要歸功於施瓦布事先打聽到，所長最喜歡的就是澤西牛，而投其所好的緣故。

《星期六晚報》及《婦女家庭雜誌》創辦人塞勒斯·柯蒂斯先生，在年輕的時候，就懂得這種策略的效用了。

他最初在緬因州波特蘭一家賣織物的店裡學做生意，學徒期一滿，就獨立創業，創辦了一份雜誌，就是《婦女家庭雜誌》。

發刊初期，沒有一位知名的作家願意爲這份沒沒無聞的小雜誌寫文章，柯蒂斯必須想辦法和名人建立關係，因爲有知名作家的文章，便能提昇雜誌的知名度和銷售量。當時最著名、最受歡迎的作家要數《小婦人》作者路易莎·奧爾科特女士了，柯蒂斯如何請來奧爾科特女士爲雜誌寫專欄呢？

柯蒂斯打聽到奧爾科特女士熱衷於慈善事業，據愛德華·博克的記載，「這位才能出眾的雜誌發行人就對奧爾科特女士採取攻勢了，他請她寫一篇文章，他願意捐助一百美元給她的慈善事業作爲回報。這個條件，對於奧爾科特女士來說，的確是很大的誘因。於是，她非常樂意地完成了一篇文章，柯蒂斯則給她一張一百元的支票。」

柯蒂斯只是把稿費在名義上做了一點改變，投奧爾科特女士之所好，就輕易地讓奧爾科特女士的態度由憎厭轉變爲友好，順利地度過了出版事業中的難關。

弗理德裡克·漢密爾頓爵士是著名的英國外交家，在他的事業剛起步時，也曾經以類似的方法對付一位很難伺候的主教。

漢密爾頓在外交界的工作，便是想辦法與里斯本的義大利主教帕普利·農西奧建立起交情。

漢密爾頓事先已探聽到這位義大利主教喜好美食，但這個嗜好卻是一般人所忽略的。於是，他特意收集了許多與烹調有關的知識，在與主教談話的時候，表現出自己對於美食有著濃厚的興趣、淵博的知識。

漢密爾頓說：「從此以後，我就成爲農西奧主教最歡迎的客人了，我們常常談論烹調，直到主教的眼睛裡閃著亮光，嘴唇邊流著口水爲止。」

當漢密爾頓的任期快結束的時候，他回憶道：「我的上司告訴我，農西奧說我是他認識的年輕人當中，最有學識的一個，他樂於我的拜訪。在這一前提下，我遇到的麻煩都迎刃而解了。」

著名新聞記者弗理德・凱利表示，他認識一個非常有成就的推銷員，那個人收集了許多小卡片，詳細地記載客戶們的癖好，且能針對每個人的偏好，帶給他們意想不到的驚喜。

勞倫斯・懷廷是芝加哥金融界以敏捷多才著稱的人物，他懂得怎樣向別人發問，在談話中順道問你一兩句你個人的事情，表示他記得你正在做什麼、你喜歡什麼，而這些都是你以爲他早已忘了的瑣事。「我並不是他的什麼重要客人，他只是認識我罷了。可是每次我去拜訪他，他總是微笑著問我：『你最近還打牌嗎？後來有再去納什維爾嗎？你的孩子後來還贏過幾次賽馬？』」一位廣告商這樣說。

這個方法淺顯易懂，但也因爲如此，很容易被忽略。因爲我們通常只記得與自己有關的事，而把別人的事置於腦後。領袖人物之所以能成其事，就在於盡己所能地去關心別人。他們關注其他人，成爲解決問題的策略，並且贏得好人緣。

表達誠意，爭取認同

幾乎每天晚上，威廉・霍華德・塔夫托（美國第二十七任總統）都敏捷地扭動著肥胖的身體，跳著西班牙的Rigadon舞。一個月裡大概有二十個夜晚，他總會與一些菲律賓女人在舞池度過美妙的時光。

西班牙戰爭爆發之後，菲律賓接連發生暴動。塔夫托被委任爲菲律賓全國委員會的主席，不停地奔波於各省之間，向仇恨政府的本地人宣揚政府的新政策。爲了和他們打成一片，他特意學會Rigadon舞，每晚和那些皮膚微黑的美人們翩翩起舞。

塔夫托爲了表示尊敬菲律賓習俗，專程學習當地的舞蹈，以此接近當地人，進而取得他們的信任。基於同樣的道理，卡爾文・柯立芝（美國第三十任總統）也拍了一張身穿工作服、拿著乾草叉的照片，以表明他入鄉隨俗的誠意。他向印第安人致敬時，總是戴著以鳥羽裝飾的頭巾，這種極富鄉土氣息的裝束，在總統大選時爲他爭取了不少農民的選票。

戈瑟爾斯將軍受命去開鑿巴拿馬運河，他脫下自己的制服，換上平民的衣著，這一度使眾多官兵大感詫異，但是大多數平民、工人及工程師卻爲此高興，並折服於將軍平易近人的作風。僅僅是這樣一個簡單的動作，戈瑟爾斯將軍就贏得了無數人的擁護。

美國最得人心的外交家班傑明・富蘭克林，曾經在一個離家很遠的印刷廠工作，排字房裡的老工人照例向每位新人徵收一些不合法的「稅」，富蘭克林拒絕了老工人的無理要求，並想打破這項約定俗成的陳規陋習。有好幾個星期，他一直承受著巨大的壓力——「要折服那些頭腦簡單的無知工人，惟有繼續與他們打成一片，才能得到認同。」富蘭克林這樣做之後，居然對許多工人產生了極大影響。

凡是希望成爲領袖的人，首先必須要對他所屬的團體表示尊敬。回想一下，對那些不注意我們習慣的陌生人，我們不也常常對他們投以冷淡和疑慮的眼光？這是因爲我們所在意的事情受到別人輕視的緣故。富蘭克林也犯過這樣的錯誤。

有一段時間，富蘭克林出任美國駐法國大使。就任之初，不了解入鄉隨俗的重要性，和別人交談時依然使用自己的母語，帶來了很多不必要的麻煩。當他意識到這個問題之後，立即著手改善。不久，他的法語幾乎和法國人一樣流利了，也因此廣結善緣。

此外，有時只需對別人的名字表示尊敬，就可以使別人心悅誠服，因爲名字與一個人的自尊心有非比尋常的關聯。「鋼鐵大王」安德魯．卡內基是一個蘇格蘭窮職工的兒子，小時候他受雇於人，負責飼養兔子，那時他就會運用這個策略了。

安德魯．卡內基說：「我的第一次商業經驗，就是雇用同伴幫我餵養兔子，而我以他們的名字爲小兔子命名，作爲報酬。這可以說是從未有過的微薄工資，但是有什麼辦法呢？除此之外，當時我還有什麼能作爲報酬呢？有許多人同意了這個條件，每天替我去採集蒲公英、苜蓿花來餵兔子。我永遠珍藏這段可愛的經歷，因爲在這一經歷裡，體現了我在用人方面的特殊能力，這種能力在我日後的事業中也不斷得到印證。」

後來，卡內基在銷售鋼軌時，再次運用了這一方法。當位在匹茲堡的鋼軌工廠落成時，他將新工廠命名爲「埃德加・湯普遜鋼鐵工廠」（這是賓夕法尼亞州州長約翰・埃德加・湯普遜的名字），以此感謝他最大的買主——賓夕法尼亞州鐵路局，作爲永久的紀念。

無論對於哪一個行業的人，安德魯・卡內基都採取同樣的策略：他對每一個人的名字都充分地表示尊敬。

著名的工人領袖薩謬爾・岡斯珀告訴我們，他平常最喜歡直接稱呼工人們的名字，如「比爾」或「約翰」。在他管理工廠的那段時期中，從來沒有發生過罷工的事件，這是他最引以爲豪的一件事情。有許多大老闆認爲，熟悉數百乃至數千個員工的名字，以便隨時都能叫出他們的名字，並和他們交談，這是極其必要，且行之有效的一種策略。

這種策略的效力，可以從卡爾默思自國家銀器公司被挖角這件事情看出來。羅依・蔡平與霍華德・科芬一起合作，共同成立了一家湯姆斯・第脫羅汽車公司，他們決定邀請卡爾默思前來加盟。當時卡爾默思在國家銀器公司已經擁有年薪七萬美元的高收入了，所以他拒絕了一切優厚的條件。但是，當汽車公司答應以他的名字爲公司的名稱，以示對他的尊敬時，這一條件的誘惑是如此之大，他再也沒有辦法拒絕了。於是卡爾默思遂欣然放棄原本報酬豐厚的工作，加入新團隊，這家汽車公司並改名爲卡爾默思・第脫羅汽車公司。

善用策略的人，常常會表示自己尊重其他人所喜歡或敬重的事物。

小威廉・理格利是擁有數百萬家產的大實業家，然而當他剛開始當推銷員時，也是以這種策略起步的。他說：「無論我到何處推銷貨物，必定先打聽那個地方的風土人情，以及人們的生活習慣，並用當地的話語與人交談。」例如，當他向法屬加拿大人推銷肥皂的時候，他每到一家店裡，就拍著箱子說：「Jovan Mineral！」這是這種礦質肥皂的法文，說了這個字以後，他才接著說英語。這簡單的兩個字竟然產生了意想不到的效果，增加了肥皂的銷售量。

想讓別人易於接納你並樂於和你合作，必須不厭其煩表示你也關切別人感興趣的事物。要讓他人明白，你也懂得這些事物、你也看重這些事物，並儘量地利用所知的各種資訊表達看法。

對於特別重要的人物，必須預先探查他們的愛好，或是運用各種策略使對方認識你。

和同屬於某一團體的人打交道時，應時常透露對於他們的風俗、信仰、習慣的尊崇，而且最好身體力行其中的某種特色，作爲眞心誠意的明證。

Tips

人、財、物、時間、空間諸要素中，人才是企業發展的關鍵因素，人是企業的主體，是企業活力之源。——海爾科技CEO張瑞敏

出人意表，引人入勝

要引起別人的注意，首先要挑起他的好奇心。越是出人意料、越是戲劇化，得到的效果就越好。此外，不妨在他們熟悉的事物中加進一點「新奇」的創意。

贏得並把握他人的關注

《婦女家庭雜誌》的創辦人愛德華．博克在十三歲的時候，寫信給當時的名人，並因此引起了他們的注意。當時博克不過是個沒沒無聞的送報生，但是，他卻沒怎麼費力就得到了許多名人的友誼，如格蘭托將軍及其夫人、拉瑟福德．海斯、休曼將軍、林肯夫人、傑弗遜、戴維斯等人都和他成了朋友。

在這群朋友中，拉瑟福德．海斯後來成了美國總統。在博克創辦《伯羅克林雜誌》之初，海斯在創刊號發表了一篇文章，這份雜誌的身價立即倍增，銷量亦直線上升。

世界上不知有多少人渴望赫赫有名的人物能在百忙中看自己一眼，這種想法就現實的可能性來說，通常只是難以實現的夢想。但是，年輕的愛德華·博克卻比這些人幸運得多，他贏得了這些大人物的友誼，這些朋友在他的人生路上發揮了不少力量。

博克寫給這些名人的信非常特別，爲了讓每個人的信都富有個人特色，博克熟讀了這些人物的傳記，從傳記中他對每一位偉人的生平、個性都瞭如指掌。在此基礎上，他寫出來的信自然具有一種獨特的魅力，深深打動那些名人的心。

他的好友皮亞特回憶：「博克想確認這些名人傳記中許多有趣的事，於是，他就以一種孩子的眞誠寫信。博克問加菲爾德將軍，傳記中記載他小時候曾做過縴夫，是否屬實，同時誠懇地說明自己寫這封信的原因。很快地，加菲爾德將軍客氣地回了一封信，詳細地回答了博克所有的問題。從加菲爾德將軍的回信中，博克受到很大的鼓舞和啓發，並想進一步得到其他名人的書信，他這樣做的目的並不只是爲了得到他們的手跡，主要還是想從這些書信中學到一些有益的知識。

所以，他又開始寫信了，他要不是追問那些名人爲什麼要做某件事；就是詢問他們一生中最關鍵的事件和日期是什麼。有好幾個人回信，邀愛德華去拜訪他們。於是，每逢與他有書信往來的名人到布魯克林，他都要去拜訪他們，並親自向他們致謝。

感動別人的第一個關鍵，應該是：贏得並把握他們的關注。這就是博克的眞正本領——他留心每一位名人特別感興趣的事情，著手接近他們。

安德魯・卡內基在事業陷入嚴重危機時，因爲成功地運用了這一策略，而使事業起死回生，當然部分原因也是由於他的好運氣。當時，有一項規模很大的鐵路橋樑工程，這一筆大生意差一點就要被別人兜攬去了。他絞盡腦汁，想盡辦法使橋樑建築公司的承辦人改變決定。當時，建築公司對於熟鐵比生鐵好這一重要事實都不是很了解，於是，卡內基開始以此爲契機進行他的公關活動了。據他自己說，那時恰好發生了一件意想不到的事情，彷彿天賜良機。有一個管理人員在黑暗中駕駛馬車，不小心撞到一根生鐵做的燈柱上，把燈柱撞斷了。卡內基立刻就抓住了這件事。他說：「各位，看到沒有？當時要是使用熟鐵，就不會發生這種情況了。」大家終於相信了他的話！他得到了仔細介紹熟鐵的機會。

正因爲發生了這件事，卡內基在很短的時間裡，就把那筆大生意搶了過來。在看似註定要慘敗之際，卡內基並沒有洩氣，反而抓住有利的時機，恰當地運用了策略：他從那些承辦人的切身經驗中，尋找引起他人矚目的機會，最終成功地達成自己的目的。

迎合興趣，抓住注意力

當我們和一個人說話的時候，如果察覺到他不太專注，表示我們的談話沒有觸及到他特別感興趣的內容。通用電器公司總經理傑勒德・斯沃普的失敗，就是一個很好的例證。

當時，斯沃普只不過是西部電力公司的一個年輕職員，正想要憑自己的能力當上分公司的經理，但他精心策劃的一份競標方案竟如石沈大海，一點也沒有產生他預想的效果。

斯沃普以工程師的眼光和立場撰寫這份報告，而不是從一般人的角度出發，因此，那篇報告中充滿了承辦人員看不懂的公式、細節，最終讓另外一家競爭對手拿到了合約。斯沃普空有一份精密的報告，可是卻沒有收到預想的效果。斯沃普的這份報告與卡內基運用的策略相比，成敗的差距何其大啊！卡內基能利用一個燈柱的故事，從競爭對手手中搶來一筆大生意；而斯沃普卻遭受了重大的失敗。其中的緣故就是斯沃普沒有留意別人的興趣和知識層次；而卡內基則能利用別人所經歷的具體事實，作爲引起別人注意的手段。

所以，我們與別人的興趣越接近，就越能抓住他們的注意力。

我們平時閱讀的報紙，都是從這種策略中發展起來的。《聯合日報》的總經理肯特·庫珀曾經說過：「編輯們應該牢記在心的第一個要點是：人們只對自己感興趣。第二個要點是從第一個要點衍生而來的，那就是人只對自己所認識的人或自己所見過的東西感興趣。也就是說，每天的報紙，雖然都會有歐洲的重要新聞，可是大多數人看也不看一眼，因爲一般人最急於了解的是，所得稅法有沒有新的規定；所住的那條街的地價究竟是漲還是跌；有沒有什麼認識的人去世？昨晚參加的宴會中，有哪些秘密來賓？在關於宴會的這則消息裡有沒有提到自己的名字……」

《紐約時報》總經理比克爾曾說過：「每一個人都認爲世界上最有趣味的人就是自己，如果你沒有機會在報紙上看到關於自己的報導，那麼你就想看看那些你所認識或所熟知的名人的消息。」打個比方來說，法國總統還比不上電影明星能吸引我們的注意力，爲什麼呢？法國總統當然是一位很重要的人物，但大多數人卻更熟悉電影明星的一切。對我們來說，明星比總統更接近我們一些，因而更能引起我們的興趣。

如果我們的名字出現在印刷品中，無論是用多麼小的字印出來的，都會吸引我們的注意，因爲我們的名字即是我們自己的一部分。同樣的理由，當我們屏住呼吸，跟隨銀幕上或小說中的英雄冒險時，實際上，我們所注意的仍是我們自己。當他開槍的時候，我們也不自主地做出扣板機的動作；當他策馬狂奔的時候，我們也會情不自禁地做出騎馬的姿勢。報紙上那些關於不知名人物的標題，如「蒙面大盜搶劫人妻」，爲何一下子就吸引我們的注意力呢？因爲這時候，我們好像正面臨著蒙面大盜持槍恐嚇的威脅。總之，人人都關注自己曾經遇過的事情，不論喜劇或悲劇，都將自己想像成其中的英雄或犧牲者。新聞記者把讀者自然而然地將自己假想爲主角的故事，稱爲「大眾興趣題材」，其實，我們感興趣的還是我們自己。

在新澤西州愛迪生的實驗室裡，湯馬斯・愛迪生以一個巧妙的方法，觀察他手下的年輕職員究竟對哪一種工作最感興趣。他的兒子查爾斯・愛迪生說：「這裡通常有四個職員，他們的任務便是巡查各家商店，然後撰寫一份報告，提出他的建議及批評，許多有價值的想法都是從這些報告衍生出來的。但更重要的是，我們可以從這些報告中看出他們眞正感興趣的是什麼，據此，我們也可以看出他們最適宜從事哪種工作。」

例如，有一位化學工程師，他認爲自己的專長是化學，然而，他的報告中卻沒有詳述這方面的問題，反而特別注意出貨及商品陳設。從這一點，我們很明顯地可以看出，他眞正感興趣的是市場銷售管理，就能針對他的興趣指派他負責這方面的工作。

我們都會很自然地被吸引到最契合自己興趣的事物上，但有時連我們自己也很難覺察。

引起好奇心，成功一半

電話機的發明人貝爾有一次出門籌款，他來到一個朋友——康橋的哈伯德先生家裡，希望能說服哈伯德投資自己正在研究的新發明。

貝爾是不是一開口就說明能獲得多少利益，或是一開口就解釋他的科學理論呢？不！貝爾絕不會做這樣的傻事！在談論這個話題之前，他預先佈置了一個「陷阱」。大概很少人知道，貝爾不但是個偉大的發明家，而且還是個出色的商人呢！

當時的情形是這樣子的，貝爾本來正在彈鋼琴，但他忽然停下來，向哈伯德問道，「你信不信，如果我把這踏腳板按下去，對著這鋼琴唱一個聲音，這鋼琴就自然地重複這個聲音？譬如我唱一聲『多』，這鋼琴也會相應地唱一聲『多』呢？」

哈伯德當然不明白貝爾的用意，於是，他放下手中的書本，好奇地請教貝爾怎麼回事。貝爾耐心地解釋了和音或複音電唱機的原理。這場談話的結果是哈伯德情願負擔「一部分貝爾的實驗經費」。

貝爾的決勝策略其實非常簡單，他在說出自己的眞實意圖之前，先設法引起對方的好奇心。如果能成功地引起對方的興趣，意味著要做的事已成功了一半。

「這架鋼琴自己演奏起來了！」透過別出心裁的呈現，貝爾吸引了哈伯德的注意。倘若我們比較一下貝爾的策略和斯沃普那份失敗的報告書，更能領會這種策略的奧妙了。斯沃普的報告書，滿紙都是專門的技術文字，固然是非常不一樣，但卻讓人覺得艱澀難懂，反而失去了興趣。許多新觀點、新發明的失敗都肇因於太過奇特或難以理解，令人無法接受。而貝爾卻能將「新奇」混合在熟悉之中，利用哈伯德的鋼琴達成自己的妙計。

凡是「新奇」的東西都能吸引我們的注意，但事實上，我們所好奇的「新奇」事物，必須在某種條件的限制下。所謂「新奇」的事物，倘若不含部分的熟悉、不能讓我們聯想到以前的經驗，我們還是不會有興趣的。

所以，我們可以得出這樣一個結論：「必須是與我們親近的事物，才能引起我們強烈的關注，才能引起我們的好奇心。」那些優秀的推銷員、專業的編輯、成功的演說家，他們所運用的就是這樣的策略。

據說貝爾在平時談話時，也謹守這個策略。他是一個很健談的人，大家都喜歡聽他說話，因爲他所談論的事情都像戲劇一樣生動有趣。

以拍賣專家聞名於世的弗理德．理珀特，常常將最貴的物品，也就是所謂「頭等貨」，放在第一批拍賣之列，這使得次等貨的價錢相較之下顯得格外低廉。正如貝爾的鋼琴一樣，理珀特是利用一種出乎意料的行爲來增強大家的印象。

上述這些人都很懂得推銷商品的策略，利用新奇、特別的事物吸引人，引發他人的好奇心，並藉此推薦自己的產品。在試圖引起別人的興趣時，都很謹慎地貼近了別人的經驗和興趣，也就是說，在「新奇」之中夾雜了熟悉的成分。

提出實證，讓人信服

當我們希望別人接受新的思想，並有所作爲，必須注意的是，要用他們自身的經驗解釋，才能讓他們了解。

阿莫斯．卡明是紐約的知名編輯，他之所以能在報界獲得一份工作，也是應用了同樣的策略。

在十八歲的那年，卡明第一次來到紐約，他唯一的志向就是到報社擔任編輯。當時紐約有成千上萬的人失業，幾乎所有的報社都被找工作的人重重包圍著，在這種情形之下，他的理想眞不容易實現。

卡明僅有的工作經驗是在印刷廠做過幾年排字工人。不過，他知道《紐約論壇》的老闆賀拉思・格裡萊在幼年的時候，也像他一樣，在印刷廠裡做過學徒，所以卡明決定先去《紐約論壇》碰碰運氣。

卡明料定格理萊對與他有類似經歷的孩子，一定會有興趣的。果然如卡明所料，格理萊錄用了他。卡明幾乎不費吹灰之力就使格理萊相信他是値得雇用的，他自薦於格理萊，巧妙地借用格理萊過去的經驗，表達自己的企圖心。

這種策略也是簡單易懂的。譬如，我們看見一艘新式的飛船，要向別人形容出飛船的長度。針對街上的行人，我們就說它有三條街那麼長，或說從榆樹街到林肯街那麼長，這樣他一聽就知道飛船有多長了。但如果你對一個鄉下人說，你必須說飛船的長度是他的牧場的兩倍。倘若對一個紐約人說，就得說這艘飛船與四十二號街上的克萊斯勒大廈的高度一樣。由此可知，我們要援用別人特有的個人經驗，才能使他們完全理解我們所表達的內容。

有時別人會聽不懂我們在說什麼，像這種時候，就得運用這個方法，去接近他的生活經驗與知識水準。有些人一旦離開了自己的經驗範圍，就無法理解別人的話題。我們和其他人交流時，如果不能直接順應他們的經驗，他們就不易了解我們的意思，這是因爲大多數人都有惰性，懶得動腦筋思索。因此，擅長溝通的人要表達自己的想法或意見時，總會千方百計地運用對方熟悉的語言習慣，讓對方輕鬆而迅速地理解。

有一次，石油大王洛克斐勒的兒子帶著三個孩子去旅行，途中被許多攝影記者包圍。爲了孩子們的照片不被刊登，也不讓那些攝影記者覺得掃興，小洛克斐勒設法說服記者，使他們打從心底地認同他的說法。小洛克斐勒和記者閒聊，談起身爲人父的擔憂，他說，把孩子的照片刊登在大眾讀物上，可能會對孩子的生活造成不良影響。這些攝影記者本身也有小孩，能理解作父親的心情，最後都客氣地走開了。

這種簡單而有效的策略，我們在查爾斯・布朗的故事中也可以找到例子。查爾斯・布朗本來是船長，後來成爲全世界最大的玻璃工廠——匹茲堡平板玻璃公司的總經理。創業初期，他在明尼阿波利斯經營彩色玻璃買賣。當時他與一家重要的同業競爭一筆大生意，決定這紙合約的委員會成員都是美國西部的人，所以布朗刻意將計劃書設計得粗率狂放，而競爭對手則把計劃書做得精美細緻。最後，布朗獲得訂單，這是因爲他充分掌握了買主的性格特性。

伊凡傑琳・布思女士也用過同樣的方法，她與態度強硬的犯人交談了幾分鐘，就能使他們感動得淚流滿面、跪下懺悔。據沃爾多．沃倫的記載：「布思女士一開始先和犯人聊他們童年往事，勾起他們對過往的回憶、對美好純眞的童年時代的懷念。對外來的高壓，如威脅、刑罰等，犯人通常都能應付，但對於內心浮現的種種情懷，就沒有能力去抵抗了。」

探險家拉．薩利，最初也因爲印第安人的仇視而遭遇許多災難。後來他學會了印第安語及印地安人慣用的特殊詞彙和他們交流，因而贏得其中一個部落的好感，借助他們的幫助，完成了歷史上著名的墨西哥灣之旅。

美國鐵路專家亨利．桑頓剛到英國就任時，發現別人對他的態度十分冷漠。原來他說過「沒有一個英國人有資格擔任這個職務」，激起了英國人的憤怒，對他充滿了敵意。但是亨利．桑頓運用了一個小策略就消除了群眾的反感。在這些英國人面前，他用他們的諺語，迎合他們意志的說法，發表了一次公開的演說。在演說中，他特意提到自己到英國來任職，目的只是想有一個「戶外競技的機會」。因爲巧妙地運用了這句英國人的慣用語，便扭轉了對自己不利的局勢。

紐約律師界多年的領袖約瑟夫．喬特，是一位無庸置疑的雄辯家，他也以這種策略作爲演說的根基。

他到一個以陶瓷爲主要科目的藝術學校演講時，一開始就形容自己是校長手裡的一堆「陶土」，接著提及遠自巴比倫時代以來的陶瓷簡史。

當他擔任釣魚俱樂部主席時，他把自己比喻成被俱樂部職員放進來的一尾「異魚」，這條「異魚」也許會影響大家釣魚。以這樣的妙語開頭之後，才接下去講述英國漁業委員會繁殖江河魚類的偉大功績。

他在英國的一所學校演講，列舉了一堆從那所學校裡畢業的著名人物，以此來推崇英國在教育上是勝過美國的。

總之，約瑟夫・喬特的演說，都是先以別人有興趣的話題開場，引人入勝。

民主黨的領袖阿爾・史密斯也擅長運用這種策略，他總是仔細地依據聽眾的特性來選擇語言和題材，所以無論在大學演講，還是在政治集會中發表意見，聽眾的接受度都很高。

傑出的雄辯家菲利普斯曾表示，從聽眾的經驗出發，是雄辯術的第一要義。演講者越是將自己的思想熔鑄到聽眾的經驗裡，就愈容易達到目的。

菲利普斯還舉了一個類似的例子：「朋友走進家門時，萬里晴空，沒有一絲雲彩。一小時後，我走了進去，告訴他快要下雨了，他一點也不相信。於是我說，烏雲已從西邊翻湧過來了，閃電也劃過了天空，風一陣緊似一陣，他就相信了。我究竟是怎麼說服他的呢？我不過是向他陳述了三種事實（烏雲、閃電和狂風），而這三種事實符合風雨來臨前的所有現象。所以，他相信了。」

菲利普斯的結論是：「提出事實，作爲證據，是讓別人信服你的關鍵。」

想抓住別人的注意力，並讓他們信服，應該謹愼地從他們的經驗及需要中去接近他們，用他們習慣的語言表達你的想法。當然，在你所運用的語言中，不僅要包含他們所熟悉的詞彙，還要包含他們熟悉的語法習慣。

Tips

如果你希望部屬全然支持你，你就必須讓他們參與，愈早愈好！——玫琳凱・艾施（玫琳凱化妝品公司創辦人）

激發他人自尊心

一些簡單、自然的舉動，比如誠摯的招呼、會心的微笑，只是讓別人知道你信任他們、欣賞他們，這就足以使他們的感情完全傾向於你。

保有別人的自尊心

一位剛愎自用的愛爾蘭老婦人，曾經阻撓鮑爾文機車工廠的一項重要工程。她徹底地打亂了薩年爾．伏克蘭的計劃。

在伏克蘭的建議下，公司買下一塊地，預備在那裡建造一座急需的辦公場所。這塊地上有一百多家住戶，在接到公司的通知後，都答應搬遷。

但後來，在一位愛爾蘭老婦人的鼓動下，許多人拒絕搬家，他們竟與老婦人站在同一陣線。

伏克蘭對上司說：「我們必須讓房子盡快開工，但是如果訴諸法律，一定得耗費好幾個月；我們也不願意以暴力去驅逐他們，這樣做會樹立許多仇敵。是我向經理處建議蓋這幢辦公大樓的，所以管理處不妨把說服居民的工作交給我。」

結果，伏克蘭居然非常迅速地讓居民自動搬走了。

整件事情的困難處都集中在那位剛愎好鬥的愛爾蘭老婦人身上。有一天，伏克蘭看見老婦人坐在門檻上，她也看見了他。

「你在這遊蕩要幹什麼?」老婦人譴責地向伏克蘭發難。

伏克蘭戴著一頂舊草帽、穿著一件舊襯衫，兩個袖管像工人似地一直捲到臂膀上。他聽見老婦人主動問話，便走到她坐的門檻前，嘲笑她：「你一個人坐在這裡，一點事情也不做，眞是可惜。像你這樣的人，就應該勸勸你的鄰居，請他們搬到別處去找更好的房子。」

就憑這寥寥數語，老婦人的態度終於軟了下來，伏克蘭獲得了勝利。

後來，伏克蘭說：「一時之間，她竟成爲費城最忙的婦人，她指揮著她的鄰居，立刻請他們搬出這地方，而我所花費的精力還不到原先設想的一半。」

「我很高興這一次能幫你這個忙。」一切辦妥後，老婦人對伏克蘭這麼說。

事實上，伏克蘭並沒有做出什麼特殊的舉動，不過是引起了老婦人的興趣而已——一切的勝利也緣於此。然而，這個策略的效果是驚人的。在幾分鐘之內，他就解決了一個棘手、嚴重的問題，而且還使一個存心作對的滋事者成了熱心奔走的支持者。

伏克蘭對付這個剛愎自用的反對者，不外乎是激起對方的「自尊心」。他很謙恭地請她幫忙，並且恭維她，憑她的能力可以做一個領袖，他使她體認自己的重要性和卓越的能力。

這是使別人對我們產生好感，並樂於與我們合作的有效方法。

換言之，踐踏了別人的「自尊心」，就會因此樹敵。

歷史學家認爲，威爾遜總統之所以失敗，主要是由於他犯了兩個明顯的錯誤，而這兩個錯誤都傷害了支持者的自尊心。

一九一八年十一月，休戰條約簽署之後，威爾遜成爲全世界都俯伏在他腳下的偉大領袖，每一個國家的政治家和民眾都關注著他的一言一行。國內共和黨與民主黨一致聯合起來支援和擁護他。然而，僅僅一年，一切都改觀了，沒有人信任威爾遜了。

在休戰條約簽署前數日，威爾遜已經犯了第一個大錯。他簽發了一封致命的信，命令選民只能投民主黨議員的票。這對於那些忠誠擁護他的共和黨人來說，無疑是一個直接而沈重的打擊，也給了準備攻擊他的人可乘之機。結果，這道命令反而使共和黨在參議院中獲得了多數席。

不久以後，他又犯了第二次大錯。他不聽朋友們的勸告，在和平委員會的委員中，沒有安排任何一位參議院的議員及重要的共和黨人士，這對共和黨又是一大打擊，同時也是對參議院的打擊——美國參議院有非常大的許可權，威爾遜希望通過的條約必須經過參議院的批准才能生效。

在巴黎，威爾遜的委員會幫他奠定了在第一次世界大戰中各參與國中的地位。但是在國內，暴怒的敵人早已在那裡恭候他了。在參議院裡，連同政黨的民主黨員都開始反對他了，而參議院又是共和黨佔多數。因此，威爾遜讓自己陷入了孤立無援的境地。

威爾遜的失敗，和上文提過的伏克蘭的成功，剛好形成了有趣的對比。威爾遜因爲傷害了支持者的「自尊心」，彼此反目成仇；伏克蘭則因爲滿足了反對者的「自尊心」，雙方成爲朋友。

故而，偉大的領袖人物之所以能使千萬人忠心地爲他效命，大都是因爲他們能突顯別人的重要性。

肯定別人的重要性

「在西班牙戰爭爆發之前，」布萊恩說：「我在華盛頓的賓夕法尼亞街上碰到了一位國會議員。他剛從白宮出來，臉上帶著溫和的微笑，帽子稍微向左斜了一點，他踏著大步，愉快地對我揮著手杖。『法官大人，』我說，『今天你似乎很高興』。」

「確實如此。我剛才在白宮見到了總統。他用手臂勾著我的肩膀，對我說：『老兄，這次全靠你的幫忙去打勝仗了。』我從前在許多事情上反對過他，但是，現在我擁護他了，他還要仰賴我呢！」

「和他簡短地聊了幾句後，我和他分手了，卻由衷地佩服麥金利總統（美國第二十五任總統）交結朋友的本領。我知道麥金利總統同樣仰賴其他人，也獲得了同樣的效果，這使得大家一起幫助他獲得勝利。」

很少有人比麥金利總統更懂得如何獲得別人的友誼與合作了。

錢瑟里．迪皮尤就曾經提到：「麥金利總統有一個策略，就是邀請某個人去參加一個私人聚會，對方會察覺到聚會的秘密性，體會總統對自己的意見及評斷充分信任，這是一種無上的恭維。」

《芝加哥日報》記者理奇說：「大約五年前，我認識了一位新聞記者，他爲大人物作專訪都非常成功，他是以引起他們的同情心來達到採訪的目的。他有著嫩紅的臉頰、天使般的相貌，經常故作天眞，說了第一句話就嚇得半死，引起受訪對象的憐惜。雖然他只有二十五歲，卻已是一個很機敏、很有經驗的記者了。」

這一策略的關鍵在於：不炫耀自己，反而要表現謙卑，讓別人覺得自己很重要，這樣他們就會對我們產生興趣了。

美國著名的政治家海．約翰幾乎對他所認識的每一個人，都用過這個方法，也正因爲如此，馬科森稱海．約翰是自己見過「最偉大的人物」。馬科森說：「約翰會讓每個人在他面前一點都不緊張，好像在自己家裡一樣輕鬆。如果要說人與人相處有什麼訣竅的話，這是一個眞正讓人受益無窮的好方法。」

偉大的、有才智的領袖都不會給別人一種趾高氣昂的印象，也不會在人前誇耀自己。誇口是非常稚氣的表現，明智的人知道怎樣避免。打腫臉充胖子或逢人便大訴辛酸，都已經過時了。美國電報電話公司總經理吉福特在一次訪問中提到，他認爲自己做的事情都很簡單，沒有什麼大不了的。他領導著全國最大的公司，卻說他的工作一點也不難做！所以，眞正成功的人，總是忙得沒有時間標榜自己。

溫和與粗手杖

羅斯福在擔任紐約市長時，有一次布蘭德・馬修斯向他取經，請教他如何駕馭那些政治人物。他想知道羅斯福如何與這些人交好，卻又能實行一系列他們反對的改革。

羅斯福說明了他的策略，道理非常淺顯，但需要煞費苦心才想得出來。

羅斯福告訴馬修斯，在他的計劃實行之初，有一個機關需要用人，他就請那些政治人物「推薦」一個人來。

羅斯福說：「最初，他們可能會推舉一個必須小心防範的人。我說，委任這樣一個人，群眾恐怕不會贊成。他們就會再推舉一個頑固的官吏，我又說，這個人恐怕也不是眾望所歸，我請他們另外物色一下，看看有沒更適任的人。

「他們提出的第三個人選一定也好不到哪兒去，但我還是對他們表示感謝，並請他們再找找看；他們推薦的第四個人大概就符合我心中選任的人。於是我再次感謝他們的熱心幫忙，隨即任用了這個人——這種舉動，很容易使他們相信，正是因爲他們的推薦，我才任用這個人的。」

特迪解釋道，羅斯福能夠與許多政治人物相處得很好，就是這種策略的效果。羅斯福又說，「我會告訴他們，我曾經做了這些事情來取悅他們，現在該輪到他們做一些使我愉悅的事情了。」他們果然令他滿意——譬如他們對文官職務改革案及特免稅改革方案的擁護。

許多人都忘記了這句俗諺：「溫和地說話，同時帶上一根粗手杖，你就可以走得很遠。」由於「溫和地」說話，才替「粗手杖」拓展了地盤，羅斯福最終成了紐約市長。

獲得他人好感最好的方法，就是針對對方感興趣的問題向他請教，並與之共同商量解決的辦法。一個從鄉下來的無名小子，就是應用了這個策略，與當時紐約最有權勢的人見了面。

年輕的法夸爾想方設法地進入了雅各布．阿斯特的辦公室之後，他詢問這位鼎鼎有名的人物一個問題：「我想請教您一下，如何才能像您一樣成爲百萬富翁呢？」阿斯特聽了這話之後，又詫異又高興，耐心地和他聊了起來。

在這一問句中，我們看到了對於人性的敏銳洞察，正源於這種洞察力，使得法夸爾最終成爲實業界的百萬富翁。他的策略就是：詢問他人的意見、誇獎他人的才智，使他們眞正覺得受到恭維，也就是成功地將對人性的了解運用到實例中。

從各式各樣的人中，我們發現有才幹的人，常會就許多問題誠懇地向別人請教。聽明的領袖都會使自己的計劃看起來是下屬提出來的，他很願意聽取他們的意見，並參照他們的意見來行事。

「即使是一個外行人，當他向你提出建議時，就算很不中用，也得鼓勵他幾句。」這是約翰・沃納梅克對待職員的著名格言中的一條。

從以上的許多事例中得知，有領導才能的人，都會運用技巧讓別人感到自身的重要性。

誠摯的親和力

馬克・漢納乘車時，喜歡坐在靠近駕駛室的位置，以便與司機聊天，所以他幾乎認識公司的每一個司機。但是，彼得・考克斯卻一直不願和他談話。

有一次，漢納在游泳時意外地摔傷了。不久之後，他已經能用一根木棍支撐著上車了。考克斯爲他的痊癒感到高興，並恭喜他免除了使用兩支枴杖的麻煩。這幾句話，給了漢納與考克斯攀談的機會。

漢納把自己所遭遇的意外詳細地告訴了考克斯。據考克斯說，漢納當時的儀態「非常之友愛，敘述得非常詳細，好像我是一個很親密的同事一樣。事實上，他在自己的員工面前，表現得很自在，說話也很隨性，不管他們的地位如何低下，都一視同仁」。

在漢納管理的二十五年間從未發生過罷工風潮，不只如此，公司業務還蒸蒸日上，大部分原因就在於員工認同、服膺漢納的人格魅力。

在上述的這個故事中，我們可以看出漢納對待彼得·考克斯的方法：以出人意料的信任與別人交談，讓別人覺得受到恭維。這種信任感，最能激發對方的「自尊心」。

所以，當我們向別人透露不爲人知的事情時，當我們像漢納一樣，坦誠、直爽、信任地恭維別人時，我們就滿足了他們的自尊心。

一九二四年查爾斯·道斯爲了選舉到新英格蘭巡迴演講時，他儘量地和不認識的新聞記者攀談，講了許多笑話及許多參戰時的有趣故事。他以這種爽朗的態度讓大家明白，他對於他們的新聞專業素養是絕對信任的。

另外一個滿足別人自尊心的有效方法，就是向人表示誠摯的敬意。

勞倫斯主教曾經展示一幀羅斯福總統的特寫照片，爲了方便對照，還展示一幀卡伯特·洛奇的照片。「當這兩個人站在一起接受人們歡呼時，細心的人就會注意到他們的差別，」勞倫斯主教說：「卡伯特臉上總是掛著勉強的笑容，他向那些鞋匠和農夫們打招呼，盡他那潔癖所允許的最大限度，『熱烈地』和人們握手，然後再講幾句冠冕堂皇的客套話，爲這樣的集會增添點虛榮的光彩。羅斯福則一定會先朝四周環視一番，然後再走上前去，就像見到久違的老朋友那樣，問候每一個人。他那高超的談話技巧，使每一個男人、女人甚至小孩，都自以爲自己是總統掛念的人。」

對於表現出樂於見到我們的人，我們會感到多麼親切啊！反之，如果有人以一種淡漠、隨便的態度招呼我們，我們會感到相當失望。

然而，我們和別人相處時，是不是也常常忽略了表達愉快之情？

薩牟爾．伏克蘭在他的事業剛起步時，就因爲運用了這個策略，而意外獲得益處。當時他還是一個年輕的車床工，法庭裁定他必須償還四萬元的債務，他很羞愧地退出了法庭。令他大吃一驚的是，一個名叫希林的猶太衣料商，與他的關係僅只是認識而已，卻主動爲他償付這筆爲數不小的欠款。伏克蘭接受了他的好意後，問希林爲什麼要幫這個忙。希林表示，這是因爲伏克蘭是艾爾土納城中，少數幾個願意在街上和他親熱打招呼的人。

比這個策略更常用到的，是一些更簡單、自然的舉動，比如：一個誠摯的招呼、一次會心的微笑，或只是讓他人知道你信任他們、欣賞他們，這就足以使他們的感情完全傾向於你。

Tips

對別人表示關心和善意，比任何禮物都能產生更多的效果，比任何禮物對別人都有更多的實際利益。——盧梭

讚美能打動人心

針對特定的事情讚美，「搔到別人的癢處」能收到超乎預期的效果。而暗地裡稱頌別人，聽到這些話的人，多半會把你的話轉述給相關的人，有時甚至還會錦上添花。這無疑是最能取悅人，也最有效的一種恭維策略。

一滴蜜糖的好處

林肯擅長觀察每個人的興趣所在和自豪之處，在適當的時機，說出一些眞切、能契合他們性格和興趣的話，這是林肯每日必有的作爲。

林肯曾說：「一滴蜜糖比一加侖苦膽汁，能捕獲到更多的蒼蠅。」無論男女老少，無論尊卑貴賤，一般人都喜歡那些說到心坎裡的稱頌，能帶來加倍的成就感和自信心。

所以，針對特定的事情讚美，「搔到別人的癢處」，能收到超乎預期的效果。

石油大王洛克斐勒，很喜歡聽別人稱讚他對教會和主日學堂是如何地熱心。有一次，新聞記者凱利說了幾句恭維的話，讚美他在主日學堂所發表的談話非常精采，他立刻變得非常興奮。

鋼鐵大王卡內基，樂於接受別人稱許他的演說非常成功，而且內容十分動人。歌頌洛克斐勒或卡內基的事業成就和領袖才能，並不能產生什麼效果。一旦說中他們獨特的虛榮，就會取得意想不到的結果。

「每個人都有優越的地方，至少也有他們自以爲優越的地方，」契斯特菲爾德伯爵說，「對於自己比較優越的地方，固然願意得到人們公正的批評，但在希望自己能做到最好，卻還不能確信是否眞正做到的地方，尤其期待別人的讚賞。」

羅伯特．沃波爾爵士的才幹是不需要別人恭維的，因爲他很清楚自己在這方面的能力。不過，他也是個花花公子、浮華之徒，又很害怕別人這樣看他，因而喜歡別人稱讚他溫文爾雅。這恰恰證明了他的弱點之所在。

我們可以得到一把鑰匙，順利地進入別人虛榮之所在。

「你可以很容易地發現每個人最明顯的弱點，」契斯特菲爾德伯爵說，「只須留心他所說的話，因爲言爲心聲，經常談論的話題通常就是他的興趣所在。在這些地方搔他，就能眞正搔到他的癢處了。」

弗理德・凱利說：「有一次，我去找首席大法官傅羅談事情，當時，他剛結束一場演講。我心想，演講對傅羅來說，已經是家常便飯了。恭維他在這方面的表現，肯定討不到什麼好處。於是，我對他說：『想不到最高法庭的法官大人，竟然這麼平易近人。』他立刻露出了發自內心的微笑。這位素來嚴肅的老人，就喜歡人家把他當成普通人看待。」

恭維策略——間接稱讚

有一些與羅斯福交往的人，都覺得羅斯福好像從來不會犯錯似的，軍事參謀阿奇・巴特稱這些人爲「一群瘋狂的搖尾者」，他們總是不停地嘀咕：「簡直太不可思議啦！這難道不是奇蹟嗎？多麼的超凡出眾！」

阿奇・巴特也是非常欽佩羅斯福的，但他絕不是「瘋狂的搖尾者」。實際上，卓越人士並不喜愛無休止的恭維和艷羨。尤其是羅斯福，他很瞧不起那些阿諛奉承的人，反而歡迎批評。

不要輕率地恭維別人，那會讓人覺得不眞誠。有一種讚頌方式倒是萬無一失的，那就是委婉的、間接的稱頌。

如果有人告訴我們，某某人對我們讚譽有加，我們能不喜形於色嗎？反之，假使當面稱讚我們，說不定還會引起我們的反感，甚至懷疑別人居心不良。但是，因爲是間接聽到的，這些話便變得非常悅耳，因爲人們通常認爲，私底下的稱頌無疑是發自內心的。

德國的「鐵血宰相」俾斯麥就深諳此道，當他想要馴服和他作對的下屬時，他就會有計劃地對別人讚揚那位下屬，因爲他知道那些人一定會轉述他說的話。

契斯特菲爾德伯爵說：「暗地裡稱頌別人，聽到這些話的人，多半因爲想獻殷勤，會把你的話轉述給相關的人，有時甚至還會錦上添花。這無疑是最能取悅人，也最有效的一種恭維策略。」

頌揚和讚美，是領袖們用來統治和團結人們的一種最強有力的工具。

最能靠得住並能立竿見影的讚揚，是可以左右成敗的，並且在我們未發言之前，他們自己覺得毫無把握。沒有幾個女人，聽到她們的丈夫讚美自己持家有方而厭倦的。而又有幾個男人，得到他們上司的讚賞會不加珍視呢？我們可以發現許多偉大的領袖，在讚賞他們的下屬時從不吝嗇。

找出值得嘉許之處

洛克斐勒的同事貝特福特在事業上遇到了挫折，他是幫助洛克斐勒創建標準石油公司的老夥伴之一。但是現在，他因為過度擴張而遭到了「滑鐵盧」。

「一天下午，我剛離開百老匯路二十七號，」貝特福特記述，「我注意到洛克斐勒和普拉特，就在我後方不遠處。但是我沒有停下來，因為我不願意再觸及自己的傷疤，但是他們叫住了我。洛克斐勒在我背上輕輕地拍了一下，並且誠懇地對我說：『貝特福特，我們剛聽說你在南美的事業。』

「我心想，他們一定是聽到了一些閒言閒語，準備責備我了。我趕忙接著說：『這一次確實損失慘重，即使不惜一切代價，我們也只能收回六〇%的投資。』

「這已經很難能可貴了，全靠你處置有方，我們也不是每一次都做得很好。」

這就是洛克斐勒，在應該責備別人的時候，反而一反常情，替人家找出值得嘉許的地方。

卡內基的學生施瓦布說：「卡內基是一位不時會握握你的手、鼓勵你一下、讚美你幾句的人。我和世界各地的許多大人物接觸過，從來沒有見到哪個人，能不讚賞別人，一味批評別人就能成就彪炳史冊的功業，或使事業有長足的發展。」

「我不知道你們有沒有設身處地想過，如果你在這種通情達理、知人善任的主管手下，會怎樣地盡心盡力，報答上司的知遇之恩。卡內基在很早的時候便明白了這個道理，讓許多員工忠誠地爲他效力。」

當施瓦布擔任緊急造艦廠總經理的時候，爲了喚起工人們的工作熱情，從經理到鉚釘工人，他廣施嘉獎、稱許之能事，使那些受到讚賞的人，覺得比獲得金錢上的獎賞還要可貴。」「茯苓號」軍艦因而在短短二十七天內就竣工了，打破了甘登造船場的所有紀錄。爲此，施瓦布召集了參與造艦的全體工作人員，發表了一篇熱情洋溢的慶功演說，並頒發銀質獎章和威爾遜總統的親筆嘉獎信給每位人員。接著，施瓦布從口袋裡掏出了自己的金錶，親手交給負責監管的湯姆．梅森，作爲紀念。

就是依靠這些親密接觸、讚譽、重視、獎賞、刺激與感化，施瓦布成就了他的新事業。

《芝加哥日報》的出版者沃爾特．斯特朗，在保險櫃裡珍藏著三封短信，是他的前任老闆維克托先生在與他共事的二十年間寫給他的。他說，「這三封短信，都是對於我過去工作成績的肯定。」

讚賞之於下屬，恰似食物之於饑民。雷明頓・蘭德公司的總經理小蘭德曾說：「稱讚並不會增加成本，反而會帶來更多的利潤。」對於下屬來說，讚美是一種激發他們工作熱情和獲得他們忠誠的方法，對於他們的功績，應當給予應有的報答。

著名的公益活動家波特曾制定了六條規則，作爲管理工人的辦法。其中一條是這樣的：「對於工人所做的事，給予充分而昭彰的讚譽，也就是當著大家的面嘉許他們。」

Tips

目標是最大的激勵，給員工一個值得為之努力的宏偉目標，比任何物質激勵來得實在，也比任何精神激勵來的堅挺。——聯想集團CEO柳傳志

第2篇

學習傾聽 嘗試說服

一個最美妙而有效的吸引別人的方法，便是對他們切身的問題表示同情。

——戴爾・卡內基

注意別人的言談

要打動他人而使他對你有個好印象，不妨引導他談論自己的事情和疑問，表達自己的學識和意見。當對方講話時，全神貫注地去傾聽，表現出對他言談的興趣。

真心傾聽，贏得好感

德懷特．莫羅曾是摩根的前任法律秘書，之後受柯立芝總統（美國第三十任總統）任命爲墨西哥大使，「這是一件困難的差事，」布魯斯．巴頓說，「墨西哥是山姆叔叔（指美國）最敏感的一根手指頭，到那裡擔任大使是很麻煩的一件事。」

當莫羅第一次拜見墨西哥總統卡爾士時，對他來說，是具有歷史意義的一刻。

這個初出茅廬的大使究竟對卡爾士總統說了什麼？他到底使用了什麼樣的策略，以致卡爾士總統高度讚賞呢？

「莫羅絕口不提那些需要談判的嚴重問題。」巴爾頓這樣告訴我們。「他只是稱讚廚子、多吃了幾塊餅乾、點著了一支雪茄，並請總統爲他介紹一些墨西哥的現況。例如，內閣對國家的評價如何？總統想完成哪些事情？對於將來有什麼看法？」

莫羅之所以使卡爾士總統心悅誠服，就是運用了「傾聽別人說話」的妙法。他誘使卡爾士發表自己的意見，然後專注地傾聽，透過這種方法，莫羅無形之中就表示了對別人的興趣的尊崇，引發別人的榮譽感，覺得自己受到了應有的尊重。

成功人士都知道如何聽別人講話。克羅韋爾回憶道：「施瓦布先生能夠不說話，而以傾聽的方式恭維別人。聽別人說話的天賦才能，簡直像魔術一般。無論誰去找他談話，即使是他的雇工或賬房，都覺得他非常仔細地傾聽著，他注視著他們的眼睛，直到他們講完。」

赫斯特也說：「一個事務繁忙、交際廣泛的人，絕對是全世界最好的傾聽者。當他想讓別人高興的時候，就會讓那個人覺得自己像公主或王子一樣受寵。」

有人評價著名的美國政治家海．約翰：「不但是傑出的演說家，同時也是體貼的傾聽者，他聽別人說話的儀態，就是一種明顯地恭維別人的姿勢。無論是誰，只要與他談話半小時，都會覺得自己把這位海先生迷住了，而對自己的表現感動不已。」

再看看豪斯，他的一個老朋友記載他大學時代的生活，也曾提過：「他是一個了不起的傾聽者。」豪斯後來能成爲美國副總統，大半都得益於這種傾聽策略。他第一次和威爾遜見面時，就是以這個策略贏得威爾遜的好感。

領袖人物大多學會了傾聽的藝術，他們明瞭相較於無趣的言談，傾聽的效果更大。他們不但對別人的談話感興趣，還會把這種讚賞的感覺表達出來。相對的，有許多人即使面對他們急於取悅的人物，也往往疏忽了傾聽的技巧。

新聞記者馬科森說：「有許多去拜訪大人物的人，常常不明白爲什麼不能讓對方留下良好的印象，反而被大人物認爲有偏見或很疏忽。事實上，製造這種印象的原因在自己身上，因爲沒有留心傾聽被拜訪對象的談話。他們只是絞盡腦汁地思索自己接下來要說什麼，卻沒有豎起耳朵仔細聆聽對方的話。有些大人物曾經告訴我，和健談者比起來他們更喜歡那些善聽者，可見傾聽是更難得的。」

所以，我們能給予別人最大的恭維，就是注意聽他們的談話。認眞地傾聽，不僅可取悅人，同時也能引起別人談話的興趣。

激發別人的談興

知名的投資銀行佩因・韋伯公司的總經理威廉・艾爾弗理德・佩因，有好幾年都是波士頓城中的首富。很難想像他和一個銀行會計合夥創業時，兩人所有的資產只是三千元的現款，和渴求成功的熱切希望。他說：「對於我這樣一個年薪不過千元的銀行小職員來說，創辦經紀顧問業務，爲比我富有千百倍的人服務，在其他人看來眞是癡心妄想。」

然而威廉・佩因先生開始與客戶接觸時，察覺了一個有意思的現象。他說：「有一次，我偶然注意到一件事情，讓我驚訝不已，也完全打消了我的顧慮。我發現當地一些老年人都喜歡和我談他們感興趣的事。」如此一來，佩因就利用這個發現拓展他的事業，秘訣在於和人們交談時，找到他們感興趣的話題，就會激發他們的談話熱情。

我們再看看投資銀行的代言人尼古拉・朗沃思，在辦公室接見客人的情形。曾有這樣的記載：「他和每一個客人低聲地談話，但是他傾聽客人說話的時候更多些。常有許多人與他分享種種事情，都是情不自禁說出來的，因爲朗沃思總會找到可以深談的共同話題。」

曾任費城市長的彼得・麥考爾，也被該州的州長彭尼帕克這樣描述：「如果有木訥而不健談的客人來拜訪他，他就會在談話中廣泛地涉及許多議題，直到找到客人感興趣的話題，然後，他就靜坐著傾聽客人訴說。」

莉蓮・艾克勒在大戰時期動員新的阿拉伯部落加入他的軍隊，主要的原因就在於他能靈活運用「聽別人說話」這一策略。這位「一手推翻土耳其帝國」的年輕英國軍官，自述他在與阿拉伯人交談時，「引導他們點燃心中深埋著的思想導火線」。後來他們終於自動自發地、懷著狂熱的信仰擁護他。

其實，把說話的機會留給別人，就可以顯示你對於別人的談話有濃厚的興趣，使他樂於滔滔不絕地說出眞實想法。但是，有一小部分人卻常常忽略這一點，在談話中只顧興高采烈地談論自己感興趣的話題，直到對方流露厭煩的神情，免不了有幾分尷尬。

所以，在談話中，必須時時體貼別人的興趣，把對方引導到一個他眞正感興趣的話題，讓他自在地發表意見，成爲談話的主角。

有許多人因爲忽略了這一點，爲自己惹出了無窮的麻煩。他們的過失其實顯而易見：他們都喜歡喋喋不休地談論自己。如果那是個商品推銷員，可能會失去很多生意，因爲在他滔滔不絕的當兒，我們連一句話也插不進去。如果他是我們的朋友，會帶給我們難以言述的厭惡感。毫無疑問，這種不良習慣會妨礙情感的發展。這些人之所以這樣口若懸河地談論自己，源於一種幼稚的希望：引起別人的注意，使人家更看重他們自己。

在本書第一章中，我們提過記者保爾．理奇，因爲故意給胡佛一個糾正錯誤的機會，而達到了接近胡佛的目的。當一切方法都不奏效的時候，對胡佛所最熟悉的事情誤解，卻挽救了這一次的訪問。理奇就是以明顯的方式表示他所了解的事物比胡佛少，使胡佛的「自尊心」得到了滿足，並因此激起了他的談興。

倘若你也遇到了一個不大願意說話的人，不妨學學理奇的計策，試著就對方精通的事物，故意發表錯誤的見解。對他人的專長表示至誠的佩服，便能開啓別人的話匣子。

利用發問取信別人

紐約的大資本家亨利．羅傑斯曾接受馬科森的訪問。

對這次訪問，馬科森有過一段記載：「因爲我準備的問題實在太多了，所以，事先我就對此表示了歉意。」羅傑斯立刻就回答道：「如果你什麼問題都沒有，那就說明你是一個沒有什麼趣味的人了。」

「有許多人，」馬科森接著寫道：「無論到了什麼地方，都不會有所收穫，就是因爲他們常常害怕發問。他們以爲問得太多會激怒別人，甚至引起他們的反感，而事實卻恰恰相反。」

「有一次，紐約某家報社的記者去採訪一位著名銀行家，向他請教一些有關國際滙兌的事，這是金融學中最複雜的問題之一。在會談進行了大約十五分鐘後，這位新聞記者取下他的帽子準備告辭，臨行前，他對那位銀行家說：『非常感謝你，對這一問題我已經十分了解了。』

「在他快走到門口時，那位銀行家叫住了他，並對他說：『年輕人，你眞是了不起。我在銀行界整整混了四十年，可是到現在，我對國際滙兌也還說不上非常了解呢。』」

有些人之所以不肯發問，正如這個新聞記者一樣，大概都是因爲愚蠢地自滿於自己已經知道的些微知識，或是害怕顯露出不學無術的眞面目。

然而，據我所知，適當地發問正是取勝於人的奇效方法，羅斯福就非把別人盤問得詞窮意竭不可。

對此，查爾斯．西摩這樣說道：「在羅斯福總統的統治下，白宮的大門永遠是爲所有總統感興趣的人敞開的，無論他是科學家、文學家、政治家還是競技者。無論來客是誰，總統都能夠立刻找到雙方感興趣的話題來討論。」

羅斯福在待人接物方面的驚人成就，常常遭到誤解。他被人視為無所不通的博學之士，所以人們總以為他是以炫耀自身的博學來吸引人的。然而，事實完全相反，他之所以贏得別人的好感，在於他對別人的專長衷心地敬佩。無論討論什麼樣的議題，羅斯福好學不倦的態度總是讓那些會談者大表意外。

利用發問來取信於人時，要特別注意以下幾個原則：

第一個原則是：問題一定要能夠顯示出對對方的敬佩，這種謙恭的態度非常重要。

麥克蘭就因為不注意這一點而「失去了至少二十份工作」。麥克蘭一直是個勤於鑽研煉鑄工藝的工程師，他努力不懈地使自己成了國際知名的煉鑄技師。但是，當他獨立創業時，才知道自己發問的藝術簡直糟透了。他說：「我丟掉了一個又一個工作，這完全是因為，在工頭看來，我懂得太多了，而我又特別喜歡問問題，但很顯然的，我的問題使那些工頭難堪。所以，我又丟掉了一份工作。」

因為問題太刺耳了，所以我們感到不愉快，這是日常生活中常見的事！

當麥克蘭發覺自己犯的錯誤後，他馬上尋求改正，找到一種可以對老闆表示敬佩的發問方式。他問了一個很內行的問題，也很快就得到了完整而詳細的答覆。這在他畢生的事業中具有里程碑的意義。

第二個原則是：要確信提出的問題是你真正想了解的。莉蓮・艾克勒女士曾經告訴過我們一個故事，「有一次，一位少婦詢問普林斯頓大學校長麥科什博士一個關於道德哲學的問題。博士驟然反問她：『太太，你是想了解一點相關知識，還是想把它作爲我們談話的主題？』」

在這個故事中，麥科什博士對待少婦的態度固然有點粗暴，但少婦也有些自討沒趣，因爲她在發問時，口氣十分缺乏誠意。

第三個原則是：要能斷定這個問題是對方樂於回答的。對於那些想打探我們隱私的人，我們不也是避之惟恐不及的嗎？

譬如說，有人問你：「聽說隔壁要加房租了，你付了多少？」或是：「這個俱樂部的會費貴嗎？你要付多少錢？」這種人不是很魯莽嗎？

正如以其他方法去接近人一樣，提問題的關鍵在於找到適當的話題。譬如說，面對一個全然不爲我們所熟悉的陌生人，我們該怎麼辦呢？以下有許多行之有效的公式。

「任何人，」莉蓮・艾克勒女士說，「都喜歡談他自己酷愛的事情；所以，你不妨先問問他在閒暇時最喜歡做什麼事情，每一個人都樂意談論以自己爲主題的事。此外，人都喜歡發表意見，所以面對一個你不知道他確切特長的人，不妨請教他對最近的熱門話題有何高見。」

提出一個對方熟悉的問題，請他發表看法，這是恭維人的絕妙方法。

還有一個話題甚至可以撬開最緘默的人的嘴，那是每一個人都喜歡談論的話題，也是最容易運用的話題，就是談論別人。

一位著名的廣告人曾經說過，人是「世界上最有趣的東西」。我們最感興趣的是「我們自己」，其次就是「別人」。當我們聽到我們所熟知的人的消息，無論他是胡佛還是林肯、是我們的老闆還是鄰居，我們都會立刻豎起耳朵仔細地聽，同時形成自己的觀點。

如果你與人相處時，陷入了無話可說的境地，不妨提一個雙方都很熟悉的人物，比如，你們都認識的朋友、晚宴的女主人，或是社會上的名人，如某個政治家、作家、演員、運動員、企業家等來談論。

Tips

聆聽，用你的雙耳去說服他人。——美國前總統柯林頓

不著痕跡地傳達思想

倘若希望別人採用自己的意見，最好的方法就是讓他們以爲這是他們自己的創見；要讓別人對於我們的計劃有熱誠，必須先誘導他從簡單的工作入門，他們會爲此歡欣鼓舞。

巧妙的暗示法

威廉·倫道夫·赫斯特因爲著名漫畫家那斯特替他畫了一張不怎麼令他滿意的漫畫，感到非常失望。赫斯特擁有二十三家報紙和十二家雜誌。但是，在那個時候，他只擁有一家在舊金山的報社。

有一次，那斯特恰巧來到舊金山，赫斯特就去請求漫畫家那斯特，幫助他完成一個很重要的計劃：他想發動群眾力量，敦促電車公司在電車前安置保險欄，以防發生意外事故。

結果，那斯特爲赫斯特畫的第一幅畫不太成功。那張失敗的漫畫肯定是不行的，赫斯特必須引導那斯特再畫一張。但是，怎麼做才能使那斯特樂意重畫一次呢？

根據溫克勒的記載：「有一天晚上，他們兩人共進晚餐，赫斯特大大地稱讚了那張漫畫，接著他說，這裡的電車已經壓死、壓傷許多孩子了，有時，我看著這些電車，覺得那些開車的司機簡直不是人，而像個吃人的幽靈。在我看來，畫裡的這些幽靈好像都朝著那些在街上玩耍的小孩子，不假思索地直衝過去。」

那斯特驚訝地跳了起來，大聲嚷道：「天啊！赫斯特先生，我絕對可以再畫一張出色的漫畫，你把原來的那張撕了吧！我再幫你另外畫一張。」

於是，那斯特振筆疾馳地一直畫到深夜。第二天，果然送來了一張堪稱傑作的漫畫，致使電車公司屈服。赫斯特運用的這種巧妙的暗示法，簡直數不勝數。

從這樁事情來看，事實上是赫斯特引導那斯特主動取消了他的第一幅畫稿，並且辛苦了大半夜，按照他的思路另外作了一幅畫。然而在那斯特看來呢，他還以爲自己在無意中又想到絕妙的構思。赫斯特以「巧妙的暗示法」將自己的思想不著痕跡地傳達給那斯特。

這是一個經常用得著的方法，人們總是樂於表達自己的思想。所以，要使別人採納你的計劃或建議，最好的方法就是使他相信這是他的創作，並不是按照別人的思路依樣畫葫蘆。這一策略，能喚起別人的「自尊心」，使他感覺自己的重要性。

一位著名的效率工程師泰勒也對他的夥計用過這個方法，「使他們以爲別人在潛移默化中灌輸給他們的思想都是他們自己的創見。」據他的夥計說：「泰勒明白他眞正的目的，他的心思並不花在爲自己爭名奪利上，而是想方設法把工作做好。然而這種策略的實際結果，使他得到了能感化人的好名聲。」

林肯擔任總統的時候，也曾以這種策略駕馭政治家查爾・薩姆納。林肯很巧妙地利用查爾・薩姆納的虛榮心，使他相信那些內閣早已決定的議案都是由他謀劃並執行的。後來格蘭托繼任總統，因爲在馭人方面沒有林肯高竿，就對查爾・薩姆納有點無能爲力了。

一般人都不承認不願意別人對自己的計劃有意見，即使只是小小的建議。所以不妨使用這個策略，讓別人把我們的思想據爲「他」有，在不知不覺中走進我們的圈套。

在潛移默化中灌輸理念

威爾遜擔任總統時，惟有豪斯上校最能在決策上發揮影響力，其他人的意見很少被採用，甚至根本無從進言，而豪斯的建議卻屢次被威爾遜總統採納了。

「我認識總統之後，」豪斯自述，「我就發現，要讓他聽從你的計劃，最好的方法是，利用一個機會透露這個計劃，不著痕跡地將計劃移植到他心中，使他不知不覺地產生興趣，這樣就促使他去思索，這是我在一個偶然的事件中發現的。有一次，我到白宮去拜見他，向他陳述一系列政治方案，他當時非常不贊成。但數天以後，在一個宴會上，我聽到他把我的建議當成自己的意見發表，讓我覺得很驚訝。」

爾後，每當豪斯有什麼建議時，就採用這一方法，使威爾遜相信這些想法是他自己提出的。就這樣，豪斯爲威爾遜提供了許多計劃，使得威爾遜獲得了民眾的廣泛支持。

譬如，一九一四年春季，威爾遜慎重地考慮後，贊成了豪斯的「大冒險」計劃——積極參與第一次世界大戰。但是，一九一五年，豪斯從巴黎寫給威爾遜的信中，卻指出這個計劃是威爾遜個人獨創的思想。豪斯詳細地記下了與法國外交部長的談話，在對談中，他把這整個計劃都歸功於威爾遜總統的先見之明及無畏勇氣。

豪斯之所以能夠說服自滿的威爾遜，大部分原因就在於他的這一特長。

一九一二年的大選，民主黨大獲全勝，國家委員會中的一個委員，記載了當時一段豪斯的逸事。雖然豪斯在總部沒有什麼地位，但大家都承認他是競選中的最大功臣。

豪斯時常會走進辦公室，慈藹地和你說上幾句話，等他離開之後，你就會忽然想到一個主意，然後把這個主意貢獻給上司或朋友，並因此受到讚賞。但是，過了一段時間，你才赫然發現，原來這個主意是豪斯在不知不覺中灌輸給你的。他向你傳播思想時，就像神槍手打靶一樣準。

以上講述的是豪斯在威爾遜執政時期所運用的「神秘的力量」。「這是一種從來不曾被職場以外的人所運用過的力量，比任何政治領袖或內閣成員都更有效力。」豪斯實在是一位能夠想出「移山大法」來的大師。

管理工程師萊芬韋爾，對付一個剛愎自用的人——有一個分部的負責人堅決反對自己的部門做任何形式的改變，而萊芬韋爾則想說服他更換一種新式的指數表。

萊芬韋爾說：「我腋下夾著一個新式的指數表，手裡拿著一些要徵求他意見的文件。當我們討論時，我不停地把指數表從左腋換到右腋，這樣移動了好幾次。他終於開口問我了：『你拿的是什麼東西？』他問我。」

「哦，這個嗎？不過是個指數表。」我漫不經心地回答。

「讓我看一下。」

「哦，你才不想看這個東西呢，」我假裝起身要走的樣子，並且對他說：「這是專門給別的部門用的，你們用不著這種東西。」

「但是，我很想看一看。」

於是我故意裝出一種勉強答應他的神情，將指數表遞給他。當他審視這個指數表時，我假裝不經意，但非常詳盡地介紹指數表的功用。

「誰說我們部門用不著這個東西！」他終於大聲喊了出來，「見鬼！這正是我一直苦苦尋找的東西！」

萊芬韋爾就這樣巧妙地把這個棘手的難題解決了。

然而就算是聰明的萊芬韋爾，也曾經因爲不懂得「以退爲進」的策略而陷入困難的境地。他曾經告訴我們，當他想指導妻子在管理家政上節省時間並增進效能時，被妻子嘲弄和責備了一番。後來，他略施手腕，才使他的妻子中計。譬如，他想讓妻子換一種新方法清洗衣物，他便漫不經心地提起公司中類似的問題是怎樣解決的，讓她自己思索其中的奧妙，這樣比直接對她說有效得多。

有許多人常苦於自己的意見不被採納，在萊芬韋爾看來，這是因爲他們忽略了這個策略。他說：「在我們決定向那個目光炯炯、思想古板的上司陳述自己的意見前，我們得先思索一下，提意見的方法對不對。」

凡是領袖人物都知道，要別人服從自己的主意，通常是得不到什麼報酬的，也沒有什麼成就感可言。他們追求的只是一種駕馭別人的力量。所以聰明人情願犧牲個人的虛榮心，以求自己的主意得以付諸實施。只要別人全然地信任他們的想法，就心滿意足了。

克利夫蘭水壓煉鋼廠的創辦人福斯特就擅長這個策略，當他施行計劃前，即使這個計劃明顯對工人有利，他也會先在工人心中播下「意見的種子」，讓他們先討論一番，彷彿這個計劃本來就是他們自己提出的，而他只是幫忙實行而已。

所以，倘若要別人採納自己的意見，樂於實行它，就要使他們以為這是自己的想法，並給予他們絕對的信任。這樣，他們就會饒有興致地去實踐了。

以事實使人信服

懷特洛・理德正在進行一個「狩獵」活動。

理德是賀拉思・格利萊手下的《紐約論壇報》的主編，打算物色一個能幹的助理編輯。這位助理編輯不僅得幫助理德成名，還要讓格利萊成爲這份大報紙的所有者和出版人。

理德瞄準了年輕的海·約翰，當時海·約翰完成西班牙首都馬德里的外交使命，準備到伊利諾州去當律師。

理德用什麼方法讓這個有爲的年輕人放棄自己的計劃，到報館工作呢？

理德請海·約翰到「聰明俱樂部」去吃飯，然後，他邀請約翰到報館去玩。理德從許多電報中找到了一段重要的消息，但不巧負責國外新聞的編輯不在，他就對約翰說道：「請坐下來，根據這則消息，爲明天的報紙寫一篇社論吧！」約翰自然不好意思拒絕。他的社論寫得很好，格利萊非常滿意。於是理德請他再耽擱一星期、一個月，直到海·約翰終於成爲報社編輯。

海·約翰就這樣放棄了回家鄉當律師的計劃，留在紐約從事新聞工作。

懷特洛·理德憑著這樣的策略，獵獲了他的目標，而使海·約翰甘心就範。理德並沒有預先說出自己的想法，一開始只是勸誘海·約翰寫一篇小社論，然後一步步地達到目的。

我們要明白這一點，如果想誘導別人參與我們，當務之急難道不是引起別人的興趣嗎？

當我們想誘導別人做一些很容易的事時，要先讓他嘗到勝利的甜頭，先給他強烈的刺激，使他發自內心地渴望完成這件事，並迫不及待地想成功。在這種情形下，他的榮譽心啓動了，被一種成功的渴望激勵著。於是，在初步成功的基礎上，爲了進一步獲得更愉快的體驗，就會樂意再做第二次嘗試。

希望別人對於你的計劃有熱誠，必須先誘導他參加你的計劃。倘若可能的話，不妨讓他從一點簡單的工作入手，這點小事雖然微不足道，但他們卻會爲此歡欣鼓舞。

Tips

你倘若要別人採用你的意見，最好的辦法就是，使他們以為這意見是他們自己的創見。——戴爾·卡內基

清晰地闡明意見

試著提出具體事實，或圖像思考來闡述文字；若能以講述一則有趣故事的方式來說明想法，更容易深入人心。

讓事實說話

米契爾，這個原本每周才賺十美元的辦事員，後來成爲美國最大的國家城市銀行的董事長。

當米契爾還是證券公司分公司主任的時候，他曾說到自己成功的「秘訣」。米契爾說：「有個證券銷售員，經常跑到我辦公室來，向我抱怨沒有人購買證券。我一點都不和他辯論，只說：『戴上你的帽子，和我一起去吃點心。』我把他帶到紐約銀行俱樂部，在其中一個窗戶旁，對他說：『仔細往下面看看吧！那裡住著六百萬居民，他們的收入加起來有幾十億，他們正等著有人告訴他們，應該如何使用他們的積蓄。』」

對於意志消沉的銷售人員，米契爾不只是用言語來鼓勵他們，他把一些眞實的事實擺在他們面前；他不僅透過他們的耳朵、透過他們的眼睛，從另一種面向去觀察，而有新的體悟。

希爾成功地處理了一件具有歷史意義的事，並贏得「建築之王」的美譽，也是因爲「讓事實說話」。原本合作夥伴加拿大銀行家喬治·史蒂芬對於建設計劃漠不關心，於是希爾勸他和自己一起從聖保羅城登上火車，通過「鏽跡斑斑的鐵軌」，向西出發。不久，他們就遠離了村莊和墾殖區，深入到廣大而杳無人煙的草原。史蒂芬看到這種衰敗的情形，頻頻搖頭，這樣鐵路怎麼運營呢？

當火車到達德格拉夫車站時，墾殖區的居民正從四面八方湧向教堂。史蒂芬看見這麼多墾殖民，心中的理想立刻熊熊燃燒起來了，腦海裡浮現了一幅湧入荒漠區域的移民圖。從此時起，他的態度便變得友好合作了。

要想引起別人的注意和贏得人們的信任，就必須和他們的實際經驗聯繫起來。對一般人來說，最能讓他們信服的方法，莫過於親眼所見了。

約翰·帕特森在俄亥俄州的代頓收銀機工廠裡保存著一堆收銀機，都是在運往英國途中受損而被退回的機器。它們被放在玻璃櫃裡，作爲一種教訓。帕特森說：「在這座宏偉的工廠裡，你隨處可以見到這樣一句話：『我們用眼教導。』」

著名工程師萊芬韋爾，在申報計劃時看出了經理毫無興趣，便改變了策略。他將那位經理請到工廠裡，參觀一個類似的計劃正在實施的過程，結果，輕易地將這一計劃脫售了。

爲了教授員工更好的工作方法，食品大王亨利·海因茨喜歡樹立榜樣，在工廠裡到處巡視，向員工示範如何快速地搬運磚木，並幫助他們工作。

同樣的，約翰·沃納梅克也用這種策略，以身作則對殆忽職守的職員作出榜樣。有一天，沃納梅克巡視時，看到一位顧客站在櫃檯前面，但是兩名銷售員正和一名包裝工在聊天，根本沒有注意到有人要買東西。沃納梅克親自走到櫃檯後面，詢問顧客需要什麼。他將裝貨匣搬出來時，那兩名銷售員才發覺到這件事，慌慌張張地趕過來。沃納梅克微微一笑，一句話都沒有說，但銷售員已經知道警惕。

善用譬喻法

托馬斯·愛迪生想向一位皇家的來賓講解電的本質。

「閣下，」他說，「我想對電的本質最好的解釋，莫過於一位我聽到年邁的蘇格蘭電線修理員的說法了。假設有一隻狗，有點像足短身長的獵犬，牠的身長從愛丁堡一直拖到倫敦，那麼，你在愛丁堡拉牠的尾巴，牠便會在倫敦狂吠不止。」

愛迪生用言辭描摹了一幅圖畫。他用獵狗作比喻，借助於人們的日常經驗，把模糊的概念闡述清楚了。

這種技巧的長處便在於把人們能看得到的實物，作爲談話的對象。這種方法，有時候可稱之爲「具體」或「實質」性的方法，是許多成功人士常用的策略之一。

當然，我們不可能隨時隨地都給人一些看得見的東西。但是，只要我們不怕麻煩，經常性地用語言來描繪出一些圖畫，讓人們更加準確地了解自己的意圖，還是可以的。

推銷員麥拉倫，因爲在工作中應用這種方法，立刻升任爲公司的營銷主任，每年的總營業額超過二百萬元以上。

整整兩天，麥拉倫試圖向一家大製造公司的總電機師推銷安全電閘，但一直沒有進展。當他坐在電機師的辦公室裡，絞盡腦汁，準備再次進攻時，忽然傳來一個消息——廠裡的一個員工，碰到裸露的開關而觸電，受了重傷。麥拉倫迅速趕往醫院。在醫院裡，控訴和抗議聲不絕於耳。後來，這位工人因醫治無效去世了。

麥拉倫靈機一動，如果工人可能因觸電死亡，安全電閘就應該成爲工廠的標準設備，他可以此作爲行銷策略。他按照這一計劃實施著，在接下來的幾個月中，麥拉倫所創造的營業額一直高居榜首。不久以後，他就被擢升爲營銷部主任。

麥拉倫以具體的事實使人信服他的論點。爲了把別人的注意力吸引到你的意見上來，以便使他們完全明白並確實奉行，在可能的情況下，應儘量給他們一些實物作爲觀察資料。

運用故事，說明想法

在巴拿馬運河開工的前幾年，工程管理無方且拘泥形式，卻很少人知道實情。華盛頓的一個委員會仍繼續負責主管該工程，以電報發號施令。

就在這時，美國醫學會委派前任會長理德博士到巴拿馬考察。不久，理德博士帶著一份報告回來。在報告裡講述了一件後來成爲歷史的「瑣事」。這件事的起因是，某一醫院一名婦人想爲新生兒添購一個奶瓶。「護士想到拉．加迪少校那裡去領取，她臨時塡了一份領物單，先拿給哥格士上校批准，再呈給物資供應局局長托比先生核可，然後拿到書記處重新謄寫，最後派人到藥房買了一個奶瓶。等到奶瓶送到那位婦人手上時，已經過了兩天了。」

理德博士指出，奶瓶僅值三角錢，但如果把每個人所花費的時間計算進去，實際上竟使政府花費了六元七角五分左右——就因爲委員會執行的是對小事斤斤計較，在大事上卻毫無規劃的愚蠢政策。

芝麻大的事都可能推翻內閣並毀滅國家，這個奶瓶的故事，和巴拿馬運河的落成有著極大的關係。購買奶瓶的事在美國所有的媒體上曝光，引起了人們的強烈反應，紛紛對官僚作風加以譴責，也令總統留下深刻的印象。理德的報告，是不容抗辯的教訓，羅斯福總統大刀闊斧地改革，第一任委員會中的七位主任皆被撤職。

對於整個社會來說，能使意見順利傳達的最有把握的方法，就是運用故事。

故事能描繪出一幅幅精采的圖畫，也能上演一幕幕生動的戲劇。故事讓觀念易爲人們理解，因爲人的思想多少帶有一點惰性，要理解新觀念，是需要極大耐心的，說故事的方式便能省卻麻煩；如果故事本身就有趣味性，大家更樂於聆聽，蘊涵在故事中的新觀念能毫無困難地被吸收。

在美國南北戰爭爆發後，林肯講述的一個故事，常爲後人稱道。故事的內容足以暗示當時的軍事狀況：「一頭公牛繞著一棵樹追趕一個農夫，最後，農夫抓住了公牛的尾巴，一起向田間飛奔。農夫不能鬆手放走這頭牛，因為他怕放手之後會跌倒，而折斷他的頸骨。不過，農夫向公牛高聲叫道：『別的不說啦！只問是誰最先引起了這場錯誤？』」林肯的意思是，他已經抓住了牛尾巴，南方聯盟雖想脫離，他卻不會放手。這則故事將當時的美國國內形勢，用一種舉國上下都能理解的方式，具體地表達出來了。

賑濟比利時戰亂委員會會長胡佛，發現一艘運糧船被德國潛水艇擊沈了，另一艘船又受到德軍飛機的威脅。他立即趕到柏林，要求他們停止攻擊行動，並且通知潛艇和飛機的司令官尊重賑災會的旗幟。德國當局以十分虛偽的說辭，對這次錯誤表示遺憾，並保證這類事情永遠不再發生。

「我知道了，」胡佛回答說，「我想起了一個故事，一個人遭到了鄰居家的狗襲擊，他很憤怒地向鄰居抱怨。」

鄰居回答說：「不必為那隻狗煩心，牠不會咬人。」

那個人回答：「這我知道，而且我相信你也明白。問題是，那隻狗明白嗎？」

對德國官員來說，這則淺顯的故事比冗長的辯論有價值得多，這位官員連忙回答：「我剛才已經和這隻狗通了信，現在牠已經知道了。」

威爾遜也以善於運用故事來貫徹他的主張而著稱。一九一六年五月，一批名人代表謁見威爾遜，反對他的軍事訓練計劃，他們認爲這件事足以危害美國人民的自由準則。

威爾遜說：「你們使我想起了一個家財萬貫的愛爾蘭人的故事。他在旅館裡開了個房間，吩咐櫃檯在早晨七點鐘叫醒他，並且說明有一位老闆要召見他。當他被叫醒的時候，他卻說：『快叫那老闆走開，我不去了。』這就是他的自由觀念。」

通常以講述一則有趣的故事的方式來闡釋一種主張，最容易深入人心。故事不但能使觀念易於瞭解和記憶，同時，還可以讓人們免除思考，以及費力去記憶一些抽象概念之苦。

根據同樣的道理，有些詞句如「鞏固共和」、「恢復正常」、「安全爲上」，都能產生重大的影響，這類特異的語句，將一種觀念用新奇的方法表達了出來，因此能引起廣泛的注意。同時它又將論點闡述得十分清楚，誘導著一般人主動對它們進行思索，差不多所有人都喜歡簡潔的標題，討厭枯燥的概念。

美國總統羅斯福最擅長利用明瞭簡潔詞句的功能了。他創造了許多詞句，如「天造騙局」、「公平交易」、「勤奮生活」、「鼬鼠言辭」等等，這許多的詞句，至今仍縈繞在美國人的耳邊，能應用得比羅斯福更爲得心應手的人，實在是不多了。

這樣簡潔的詞句，通常彈無虛發，因爲一般人都有懶惰的習慣。同時，正是人性中具有的這種特點，使得另一種重要的策略富有成效，這便是「具體的建議」。

假若我們提出了一個完善的計畫，告訴別人如何實施我們的意見，需要花費多少資金，並能取得什麼樣的結果，那麼我們獲勝的機會就增加了許多可能性。我們很容易獲得他們的注意，因爲我們已經替他們省卻了思考的麻煩，使他們更容易作出決斷。他們可以修改我們的計畫，這沒關係，關鍵在於他們只須說一聲「是」或「否」。

我們的具體建議，同其他方法一樣，在某種意義上是一種最後通牒。這把可能產生的爭論清晰地擺了出來，在無形中，多少帶了一些威脅的意味，就好像在說：「如果你不做這件事，恐怕日後你要後悔莫及了。」

無論是推銷員、醫生，還是律師，凡是成功的人都採用過提出具體的建議，令人迅速決斷並執行的策略。

採用具體建議的另外一個優點在於：它可以讓你避免常見的危險——誤解。艾維・李，美國一位先知型的名人，他曾談及，爲了避免誤解的危險，在可能的範圍內，他通常採用詳細的計畫。艾維舉了一個實例，當他同洛克菲勒學院董事西蒙・弗萊克斯納醫師一起擬定計劃、發表醫學上的新發明時，他和這位醫師往往會陷入爭論中，他們的意見也常常不能統一；不過當所有的資料都具體地展現在大家面前時，他們之間就很少有意見上的分歧了。

Tips

想法不值錢又遍地都是。把這些想法放對位置，而能實際付諸行動，才算有價值。——彼得・杜拉克

守口如瓶，建立信譽

與人來往，如有必要，設法隱藏思想和情感。此外，探聽某人或某事時，不要流露出特別關心的神情。一旦得知不爲人知的內情，務必保守秘密。

掌控別人前，先控制自己

有一位名叫戴維斯的少年到工廠去拜訪福特，準備賣給福特一塊地皮。那塊地皮正處在福特已購買的地皮之間，按理說這樁賣買很快就能談成，何況戴維斯的推銷技巧也不能說不高明。可是，福特的反應卻很奇怪，簡直讓戴維斯覺得莫名其妙。

福特並不直接答覆他，卻拿起桌子上的織狀物，問他：「你知道這是什麼東西嗎？」

戴維斯說不知道，於是福特詳細地講解，說這是一種新發明的材料，將用來當作「福特汽車」的骨架。福特足足談了十五分鐘，介紹了這種材料的來歷和好處，並告訴戴維斯明年準備採取一種新式樣的汽車製造計劃，搞得戴維斯丈二和尚摸不著頭腦，卻感到十分愉快。

後來，福特表示不想買那塊地，然後親自將戴維斯送出門。就這樣，福特直接謝絕戴維斯的提議，還讓他乘興而去。福特的手段當然是很高明的，他把自己的計劃毫無保留地向對方透露，使對方聽了很高興。但是，這實際上是一種煙幕：避免洩露自己的眞實情感。

一個人要是不能學會在必要的時候隱藏自己的思想與情感，必定不能成爲出色的領袖。要掌控別人，就得先控制自己，這是領導別人最關鍵的一點。

福特、施瓦布、林肯等人，不到關鍵時刻絕不會向別人透露眞實消息，只是在可能的範圍內，儘量博得對方的好感。拜訪者很容易見到施瓦布，可是當他們離去時，才猛然發現並沒有得到什麼消息，只是聽了不少的笑話而已。當別人詢問林肯一些問題，這些問題卻沒有充分線索足供解決時，他就會反過來問者問題，或巧妙地岔開話題，這就是一種送客的暗示了。

一名年輕的記者經常採訪實業家馮德彼特，但往往得不到任何實質性的消息。然而，馮德彼特和藹可親的態度卻使他忘記時間的流逝，他沈浸在馮德彼特獨特的人格魅力中，覺得自己能和他談話眞是一種美妙的享受。

這些領袖，或使對方講話，或談些故事，或轉而向對方發問，或採取一種巧妙的方式讓對方對自己充滿了信任和安全感。總之，他們擅長於用迷人的方法，在無形中打破對方試圖窺探幕後的企圖。我們再看看另一個妙策。

辛普森擔任過菲爾德的秘書，後來成爲菲爾德公司的總經理。早年他代表菲爾德會見各地商人，會議上他悶聲不響地抽煙，後來別人把辛普森的行徑向菲爾德先生報告。

菲爾德說：「聽說你在那裡抽的煙比任何人抽的都多。」

「是呀！」辛普森回答，「我抽煙就是爲了避免開口。」

有些場合，我們不僅要少說話，而且不能形於色。聽人家談話而自己不動聲色，也是必要的。

拉斯科布擔任共和國民會議主席時，和他共事的人儘可安心，他早就學會如何隱藏自己的感情。當一個人對事情了解得一清二楚，但在表面上卻絲毫不表露時，才是眞正的聰明。這對於實業鉅子和深謀遠慮之士來說，只是雕蟲小技。

隱藏動機，探得真意

道奇將軍提過，雖然他曾經和林肯總統就某一問題作過長時間的探討，可是直到幾年以後，他才知道林肯的眞實用意。

當時道奇是美國西部聯邦軍隊裡的一位將軍，他在東部的波恩特城格蘭托將軍那裡待了兩個星期，隨後赴白宮拜見林肯總統。此時正值魏爾德涅斯和普陀馬克戰役之後，格蘭托將軍正處在東部生涯中最黑暗的時代。

道奇和林肯談了一會兒，就起身告辭。可是林肯把他留了下來，帶他到另一間屋子裡。林肯見道奇臉上略微露出了不安的神色，便從書桌上隨手拿起一本書。

「他把那本書打開，」道奇說，「翹著二郎腿，開始朗誦書裡的一段話。那是一篇非常幽默的文章，我聽著聽著不禁笑了起來，這樣一來便覺得很自在了。他見我已經落入了他的圈套，便把書放下，向我探詢訪問普陀馬克軍隊時的所見所聞。」

後來，林肯邀道奇共進午餐，從他那裡打聽了關於格蘭托將軍及其軍隊的情況。

道奇說：「對於他的一切用意所在，直到很多年之後我才明白。我那時可一點也不知道林肯桌上堆滿了要求撤換格蘭托，另外派人接替他的信函。」

林肯沒有把他的眞實用意或感情表露出來，仍得到了想知道的消息。

紐約中央鐵路局前任經理史密斯曾這樣說過：「探聽消息的不二法門就是設法讓人覺得怡然自若，這樣，他們自然會打開話匣。」

要做到在探聽別人消息的同時，並隱藏自己的眞實用意，其實方法很簡單。前芝加哥第一國家銀行總裁韋特莫爾認爲：「直接的問話往往不能得到答案，但如果向別人表示你對他們事業的關心，卻常常會得到你所需要的東西。」

道奇將軍還說過他和林肯的另一次會面，當時，道奇以工程師身份在密西西比河以西考察太平洋聯合鐵路。道奇說：「林肯把我找了過去，絮絮叨叨地詢問有關密西西比河以西地域的情形，一問就是兩個小時。他對於我所負責的工作這樣關懷殷切，使我深深地感動。他說，國家的當務之急莫過於太平洋沿岸的鐵路建造了。他巧妙地從我嘴裡套了許多消息，到後來我才發覺，我把那些原本爲我的雇主們保守著的秘密都向他洩漏了。」

因此，打聽消息時不宜暴露動機，最好對別人的事業表示關心並鼓勵他發言，比直接發問有效得多。

一群企業界的領袖、商業及金融界的名人，在紐約聯邦同盟俱樂部裡討論青年就業問題，由蘭德記錄。有人提出了一個問題：「爲什麼能成就大事業的年輕人這麼少？」大家爲此展開了激烈的辯論，持續了大半天。

這些知名人士在辯論結束時取得了共識：年輕人不懂得保守秘密，難成大器。

有人提及了一件事，一個年輕人受人之託經營某項事業，結果受到別人的慫恿，把這件事洩露出去，最後事情搞砸了，也毀掉了自己的前途。蘭德說：「面對與自己經營的事業有直接關係的人，應當保持誠實的態度，可是，對局外人談論公事卻絕對是一種『罪過』，後果不堪設想。我不相信一個喜歡透露『公司秘密』的人，在事業上會有多大的成就。」

正如契斯特菲爾德伯爵所說的，「把和別人無關的秘密告訴他們，無異是向別人表明自己有不能保守秘密的弱點。他們認爲你會把秘密告訴許多人，因此，他們即使洩漏了你的秘密，也絕對不會受到懷疑。有心人會利用你任何一句不經心的話，只要對他們有利。」

要是我們不肯或不能保守住某種消息，我們就不能支配人們。差不多所有的領袖都是善於保守秘密的人。

爲什麼「保守秘密」對於某些人來說，顯得那麼困難呢？對他們而言，爲什麼秘密那樣容易被洩漏出去呢？

實際上，人們之所以會洩漏秘密，大部分除了是因爲他們覺得很有趣的緣故以外，其他因素如下：

● 向人們發表一種意外的消息，往往能博得別人的歡心。

● 洩露秘密的人能由此體會到一種自鳴不凡的感覺。

凡是那些不能保守秘密或遵守信用的人，大多數都會成爲自我虛榮的犧牲品。能幹的人當然不會去貪圖這種愚蠢的虛榮，他們知道，凡是那些沒有足夠理由而洩露秘密的人，常常會爲他人所不信任。聽見他洩漏了這種秘密（哪怕這是關於他自身的秘密）的人們、那些懂事明理的人，絕對不肯再把自己的秘密託付給他了。樹立信譽的要點之一，便是看你能不能守口如瓶。

至於如何保守秘密呢？有些人會陷入另外一種嚴重的錯誤：他們會招搖地向人們散播本該守口如瓶的東西，以此炫耀自己得到了某種不可告人的秘密。

賈斯特菲爾德說：「切勿裝出什麼神秘的神情，這不僅是一種極不討人喜歡的性格，而且還是一種極易引起別人懷疑的性格。假如你對人裝出一副神秘的神氣，他們亦必以同樣的態度對你，這麼一來，有些事情你就不一定能知道了。」

這些喜歡故意裝出神秘樣子的人，其實是欲蓋彌彰呢！

從未看過哪個領袖故意裝出神秘的樣子，相反地，他的目的是保守住秘密而不露一點痕跡。坦白率直是一種和善可愛的特性，也是取信於人的一種很好的方法。

偶然的洩漏秘密或吐露機密，有時足以引起人們對於日後發生的事情產生疑慮與好奇，在這種意義上來說，這也未嘗不是一件好事。但是，如果洩露秘密成了一個人的習慣，或者這樣做僅是爲了滿足自己的虛榮心，那就大錯特錯了。

保守秘密除了小心翼翼，有時候還需要做一些動作。在第一次世界大戰期間，西班牙大使向威爾遜總統遞呈奧地利的秘密求和書，威爾遜佯裝吃驚的樣子，因爲求和書已被英國通訊社攔截，他事先就知悉內容，然而隱藏事實是必要的。

Tips

領袖擁有的第一種能力，就是與人溝通的能力——透過意向或遠見去支配他人的注意力。——華倫·班尼斯

第3篇

仔細觀察　直指人心

接觸他人的真實內在體驗，是一樁趣味橫生的事。

——羅傑斯

設身處地爲人著想

留心並牢記別人在小事情上的好惡，這樣能顯示出你對他們的關心。同時，用實際行動表現這種關心，你就可以留給別人深刻的印象，從而獲得友誼及信任。

滿足所需，打動人心

在芝加哥舉行的商業盛會上，有人講了一個會計升遷的故事，說明爲人處世的道理。會計員史丹萊．阿林二十五歲時，已經是規模宏大的國家銀器公司的審計員。三十五歲時，被提拔爲財務主管。阿林的成功完全來自於他經常關注一些別人常常會忽略的小事情。

阿林還是會計部的小職員時，公司的創辦人約翰．帕特森需要一種形式特殊的賬目，他要求會計編制比報紙大兩倍的賬單。但是他手下的會計們都不願意去執行，他們認為帕特森的這個主意非常荒謬。

但是阿林卻不顧他上司的抗議，擬好了有關這種「荒誕」賬單的意見書，呈給帕特森。帕特森立刻召阿林去討論意見書，這事件成就了阿林事業的開端。因為迎合了帕特森的意思，阿林受到了帕特森的矚目。他立刻從眾多年輕職員中脫穎而出，迅速擢升就此開始。

由於阿林給了上司一些他們所希望的東西，因此，在他們的心目中留下深刻的印象。但我們中間有多少人肯時常注意上司那些小小的希望呢？有多少人肯留心把我們的眼睛和思想時刻注意著他們，而以我們的實際行動去迎合他們呢？

惟有從別人的需求出發，我們才能深切地打動他們。他的問題、他的希望、他的需要，都是他個人興趣最現實的部分，無論以何種形式顯示出來，我們都必須先把注意力集中在這些層面上。

在與人打交道時，必須牢牢記住的一點是：人的欲求是各不相同的。領袖人物常會努力探察每個人的特殊需求，哪怕是一些細微的事也不放過，這些小事就能提供他駕馭別人的有效策略。

糖果大王小威廉・理格利早年擔任推銷員時，也曾應用過這個策略對付一個人見人怕的批發商。理格利成功地從批發商手裡接到了許多訂單，而且還與他結下了長久的友誼。理格利能做到這一點，就是因爲他注意到這個批發商的一個習慣，而這習慣卻被許多試圖接近他的人忽視了。原來，這個批發商每天一大清早就到店裡，因此，理格利每天總比他更早到，等他來上班時，理格利就站在他的店門口向他問早，理格利的殷勤使批發商感到非常高興，奠定了雙方合作的基礎。

安東尼・第莫克是辦公室的打雜人員，他希望和銀行行長說上幾句話，並向他兜售一些公債券。這個十八歲的孩子，剛從菲利普斯學院畢業，是一名新英格蘭窮牧師的兒子，這時正處在事業的起步階段。

第莫克的工作是替一個經紀人處理雜事，一星期掙一塊半工錢。老闆看他是個可愛、認識的孩子，便給他銷售鐵路公債券的機會。

第莫克知道紐約銀行行長摩西・泰勒對這條鐵路非常感興趣，他正在尋找機會與這位行長交談。第莫克說：「當我走到他的辦公桌前時，他正對一個喋喋不休的人不耐煩地咆哮『講重點、講重點。』過了一會兒，他搖著頭把那人趕了出去。接下來，他向我點了點頭，示意叫我過去。我把公債券放到他的桌上，說道：『九十七』。泰勒先生疑惑地看著第莫克，把他的支票簿拿了出來，問道：「你的老闆叫什麼名字？」

「伯蘭克先生。」

當他簽好了支票，又問道：「伯蘭克先生給你什麼回扣？」

「〇．二五%。」

「太少了！讓他給你一%的回扣，如果他不照這個數目付給你，就由我來付。」

第莫克就這樣成功地賣掉了公債券，更重要的收穫是，他同時得到了那位行長的注意，為彼此的友誼奠定了堅實的基礎。

第莫克以他敏銳的觀察力，看出了這位銀行家的脾氣：泰勒喜歡簡潔的語言，對多餘的贅言異常反感。所以，第莫克與泰勒交涉的時候，完全以簡潔的談話來打動他，絕不多說廢話，果然迎合了泰勒的口味。泰勒後來持續向第莫克購買公債券，並且在其他事項上給予他實際的協助。

運用這一簡單的策略，第莫克掌握了許多人的胃口，並獲得了不少幫助。到三十歲時，已成為紐約首屈一指的商業聞人。

善體人意，深獲擁戴

在芒西的傳記裡，我們可以讀到一個很有啓發性的故事。從而得知芒西如何升遷到

《紐約太陽報》出版人的高位，成爲一名卓越的領袖。

距芒西去世前不久，同事律琪偉這樣說道：「大約在二十五年前，我的右耳就失去了聽覺。從此以後，老闆每次都站在我的左邊。無論是在他的房間、寫字間，還是汽車裡、大街上，在進餐時……無論什麼時候，他總是不使我覺得自己是殘障者。而且，他顯得那樣自然、那樣隨意，簡直沒有人注意到他是特意這樣做的，眞讓人感到驚訝。他眞是一個設身處地替人著想的大好人。」

這種對細節的注意，我們稱爲機敏、殷勤或體貼。所有領導人物都知道怎樣靠這種小動作去贏得人們的信賴及擁戴。

卡爾文．柯立芝擔任副總統時，有一次，應邀參加阿拉巴瑪州圖斯凱琪公立醫院的典禮。原定計劃是由阿拉巴瑪州長前往搭乘柯立芝的專車，但是柯立芝考慮到在州長的轄區裡，就決定改變原定的行程，親自去搭乘州長的專車。

在這件事情以前，因爲哈定總統有事不能出席，醫院的委員會邀請柯立芝代表哈定總統演說，柯立芝想到哈定總統曾以私人名義對這家醫院盡了許多心力，便再三地辭謝了。直到委員再三向柯立芝保證，哈定也非常希望他能代爲致詞，柯立芝才答應，充分顯示柯立芝應對得體。

契斯特菲爾德爵士，聲名顯赫的英國政治家，一直被視為舉世無雙的大政治家。他曾有過這樣的論述：「最偉大的、最為人所必須的藝術，就是愉悅他人的藝術。如果你渴望被喜愛，不願被憎恨，就不要忘記隨時恭維別人，恭維能讓虛榮心得到極大的滿足。如果有人憎惡貓，你就因此嘲笑他，或是因為疏忽而把貓交給他。在第一種情況下，會使人感覺你在侮辱他；在第二種情況下，他會以為你怠慢他，而這兩點都會使他耿耿於懷。倘若你知道他喜歡什麼而為他辦到了，或知道他憎惡什麼而使他迴避了……這就是恭維了他的虛榮心，比你替他做了一件重要差事，更能使他成為你的好朋友。」

紐約裡夫斯食品店的創辦人詹姆斯・裡夫斯就相信所有的顧客都可以靠獻些小殷勤的方法巴結。他說：「除了這個討好的方法以外，我不知道還有什麼辦法能把生意做得更穩妥。」他又說：「這種小殷勤有許多變化的形式，譬如，母親讓孩子拿著一張清單和所需的錢來買東西，遇到這種情形，聰明的夥計就會將找回的錢包好，免得小孩不小心弄丟了。」

如果輕忽了這種小事，所造成的損失是很大的。一個在鋼鐵大王約翰・蓋茨那裡工作的年輕人，就因此失去了一個分公司經理的位置。這個職務本來已經指定給了他，他也準備前去就職了。但是，據歐文思說，就因為他與蓋茨最後一次會面時，「沒有穿著像樣的衣服，也沒有把自己修飾一下。結果，蓋茨就讓他空手而回了。」畢竟，對於明理和懂事的人而言，衣著的第一要術，應當是得體和整潔的。

Tips

掌握你自己的命運，否則別人就會掌握你的命運。——傑克・威爾許

把話說到心坎裡

要說服別人做任何事，關鍵之處就是讓當事人心甘情願。而要掌握他對於這件事情的態度，並設法迎合他的意圖。惟有迎合了他的意圖，才能促成他的作為。

正中下懷

有一次，美國鋼鐵公司總經理阿爾伯特．加理把號稱「世界最偉大的地產銷售商」的約瑟夫．戴請了過來，對他說道：「老約，我想鋼鐵公司也應該有幢自己的房子。」從加理的辦公室望出去，可以看見哈德森河上船舶往來如織，好一派熱鬧風景！這位鋼鐵巨人說，他想要的房子，必須能夠眺望港灣，讓美麗的景色盡收眼底。

「你去替我物色一幢合適的吧！」

約瑟夫．戴花了好幾個星期去研究「合適的」房子，他畫圖、製表、編列預算，但這些資料後來都沒派上用場。他只憑著兩個簡短的問題以及五分鐘的靜默，就順利地將一幢房子賣給了加理。

在許許多多「合適的」房子中，最理想的就屬挨著鋼鐵公司所在地的帝國大廈了。因爲加理所鍾愛的景色，沒有哪一處的風景比得上這棟大樓所見的更美麗了。但是，加理似乎更想買旁邊那幢時髦的房子，而且，據他說，他的同事也竭力主張他買那座房子。

約瑟夫．戴當然很清楚，還有很多「合適的」房屋，所以得把這件事情儘快地解決，以免夜長夢多。於是，戴立刻建議加理購買帝國大廈，他指出，隔壁房子所能眺望的景色，不久就會被一座即將建成的建築物遮住。而在帝國大廈裡，加理就不必擔心哈德森河上美妙的景色會從他的視線中消失。

加理反對這個提議，表示他絕對無意購買帝國大廈。對此，約瑟夫．戴並沒有申辯，他只是靜靜地傾聽著、迅速地思考著。究竟加理的眞正意圖是什麼呢？

很顯然加理是堅決反對購買帝國大廈的，但是，他對於這幢建築所提出的批評和反對意見，都集中在一些很瑣碎的地方。由此可以看出，這並不是加理自己的意見，而是那些主張買隔壁新房子的職員們的意見。

所以戴察覺加理所說的根本就不是眞心話，他眞正中意的還是他竭力反對的這座舊房子。

因爲戴沒有反駁他的看法，加理就住嘴了。於是有一段時間，他們倆只是沈默地坐著，一齊向窗外望去，欣賞著港灣的景色。

約瑟夫・戴描述他的策略：「我連眼皮都沒動一下，非常沈靜地說：『先生，你剛到紐約的時候，辦公室在哪裡？』」

「他沈默了一會兒才說：『什麼意思？就在這座房子裡啊！』」

「我等了一會兒，接著說：『先生，鋼鐵公司是在哪裡成立的呢？』」

「他又沈默了一會兒，然後答道：『也在這裡，就在我們此刻坐著的辦公室裡成立的。』他緩緩地說著，我也不再說什麼了。就這樣過了五分鐘，這五分鐘顯得特別漫長——我們在靜默中坐著，眺望著窗外。」

「終於，他以下定決心的口吻說道：『我的職員大多主張搬出這座房子，然而，這是我們的老家呀！我們可以說是在這裡誕生、在這裡長大的，這裡實在是我們應當永遠住下去的地方呀！』於是，在半小時之內，這件事情就完全辦妥了。」

不用高壓的推銷術，也用不著過多的圖表，一個優秀的推銷員就這樣完成了交易。

原來，約瑟夫・戴費盡心思，琢磨加理的想法。他很機靈地刺激了加理的隱衷，並使它完全地透露了出來。正如一個守林人吹開一個微小的火星，而使之成爲熊熊燃燒的火焰一樣。

約瑟夫・戴的成功完全在於他能研究出加理的心態，在加理心中潛伏著他自己也沒有意識到的矛盾情緒。一方面，加理想搬出這座舊式的帝國大廈，渴望新的環境；而另一方面，他又捨不得這個留下奮鬥足跡的地方。

約瑟夫・戴能促成了交易，就在於他使加理以新的思維來解決這個矛盾。

總之，要說服別人去做任何一件事情，最關鍵的一點就是讓他們自己心甘情願。而我們要掌握住對方對於此事的態度，必須設法迎合他的意圖。惟有迎合了他的意圖，才有從某個方面去感動他的希望。

刺激欲望，以達目的

皮爾龐特・摩根謝絕了收買卡內基鋼鐵公司的建議。

卡內基和加理都想讓摩根接受這筆數額龐大的交易，但是他們兩人都失敗了。而且，卡內基還屢次遭到摩根的婉言推辭。於是，卡內基把說服摩根的重任交給了查爾斯·施瓦布，他不久前剛被任命爲公司的總裁。

施瓦布向來以巧智著稱，他安排了一系列的計劃，使摩根處於只能傾聽、無法說「不」的處境中，達到了他的目的。

事情是這樣的，一群紐約的銀行家設宴招待施瓦布，他們預先安排好，把摩根也請來參加這次宴會。在筵席中，施瓦布發表了非常精彩的演說，展望鋼鐵工業的美好前景。他的這番演講眞是高潮迭起，使許多人聽了都爲之神往。他提到公司的合併可以成爲完美的工業組合，以增進效能、避免惡性競爭，進而創造巨大的財富。施瓦布打從心底湧溢出的辯才眞是讓人無法抗拒，所以，散席之後，摩根還向他請教了幾個問題。在他們談話終了時，施瓦布就完成了他的使命，將卡內基的公司以四·九二億美元的價格賣給了摩根。這一交易的結果產生了一家擁有數億資金的美國鋼鐵公司，加理成爲執行委員會主席，施瓦布成了總經理。

由此可見，查爾斯·施瓦布完成有史以來最重大的收購事業，其策略就在於激發摩根的幻想，刺激他的欲求。

假如我們想邀請朋友一起去露營，我們不妨對他說：「森林簡直太美了！我們可以在遼闊的天空下漫步、在碧綠的湖水上泛舟、在鳳仙花叢中休憩。當我們覺得饑餓的時候，就地升起營火，嫋嫋升起的營火夾雜著燒烤誘人的芳香，眞是人間難得的盛宴。」

爲了激發他的嚮往，我們得用語文的魅力先帶他神遊。施瓦布用的就是這個方法，他先給摩根描繪了一幅美好、明晰的未來藍圖，並料定摩根一定會在私下把利益計算一番的。

所以，如果我們想要使別人按照我們的意旨去做什麼事情，就必須先設法刺激一下他那些對我們有利的欲求。

拿破崙無疑也是使用這一技巧的大師，這個年僅二十五歲的新任法國將軍，以此統率那些衣衫襤褸、饑腸轆轆的義大利軍隊。聰明的拿破崙從他們對衣食的迫切需要鼓舞他們：「弟兄們，你們現在處在衣不蔽體、食不果腹的水深火熱中，我將帶你們到全世界最豐饒的地方去，你們可以在那兒找到繁華的城市與富足的鄉村。」

後來，在佔領了米蘭之後，他的話又不同了。這時他不再引起士兵們的食欲，而開始刺激他們的「自尊心」了。在熱烈的讚美辭句中，拿破崙稱許士兵們是歷史的創造者、是家鄉的英雄：「等你們回到家鄉的時候，你們的鄉鄰會把你們介紹給大家，同時他們還會說：『他在偉大英勇的義大利軍隊裡待過。』」

在埃及金字塔底下打仗的時候，大家成了獨步古今的英雄，拿破崙對他的士兵們嚷道：「弟兄們，四千年的歷史在瞧著你們呀！」

在莫斯科慘敗以前，拿破崙又向士兵們宣稱，光榮就在前面等著他們，還有「豐富的供應、舒服的禦寒營壘，以及早日回家與妻兒團聚的凱旋景象。」這些話完全迎合了士兵們的欲求，他們自然肯替他效命疆場了。

所以，路德維希在爲拿破崙寫傳記時就說：「在這次義大利揮軍的大半勝利，都可說是因拿破崙說話的魅力而獲得的。」拿破崙總是善於把軍事計劃與士兵們的欲求緊密地聯結起來，在他們身上施加一種魅惑的符咒，而完成使命。

洞察欲求，切中要點

德國因爲受到協約國媒體的攻擊而惱羞成怒，準備將「比利時獨立救濟委員會」驅逐出境，作爲報復。胡佛聽到這個消息後，立刻從倫敦趕往德國大本營。

一位德國軍官怒氣衝天地告訴胡佛，委員會必須立刻出境。他說，胡佛手下的那些委員們，實際上就是一群「協約國的間諜」，還對協約國報紙上對德國戰略「不公正」的批評表示了強烈憤慨。胡佛當時雖然也對此進行了申辯，可是根本說服不了這位軍官。

在這一緊要關頭，胡佛忽然想到了一個主意。他很清楚地告訴這位大權在握的軍官，如果他執意要實行他的主張，就等於斷絕了比利時的糧食供應，這將使他面臨巨大的危險，在歷史上，他個人將會被當作「殺害一個民族的罪魁禍首」，遺臭萬年。

聽到這些不中聽的話，那位軍官立刻咆哮起來。幸而，他的暴怒很快地就平靜下來。過了一會兒，他對胡佛說，「明天早上」再去見他。

胡佛在幾乎毫無希望的情況下，獲得了勝利！比利時救濟會被保存下來了。

這位軍官把他個人的名譽看得比一切都重要，這就是他生命中的最大欲求。然而在當時，他顯然沒有把這一欲求與驅逐比利時救濟會放在一起縝密地思考過。

胡佛能夠洞察他人的欲求，所以能夠決定他和別人的談話重心。

但是，一定要注意到，人的欲求是各不相同的。不論男女老少，都有特殊的欲求與嗜好，正如面貌、聲音或軀體各不相同。所以，一種方法絕對無法適用於所有人。

小威廉・理格利曾說：「我這輩子和好幾千人打過交道，在這個過程中，我最清楚的一點就是，他們完全不相同。」

礦務工程師阿爾伯特・布倫克爾在三十歲就成了液體碳酸公司經理、在四十歲以前就成爲百萬富豪。他也曾風趣地說過：「如果想用同樣的方法訓練每一個人，是不會有好結果的；人生來就是各不相同的，所以必須因材施教。適用某甲的辦法，在某乙身上也許就不適用了。所以，必須明瞭在什麼時候扣下扳機，才能一發中的。」

爲了說明這一點，布倫克爾說了一個故事，有個老闆就因爲在錯誤的時刻扣扳機，而失去了一位好職員。

布倫克爾說：「有一家公司想挖角，但是這個職員本身並沒有跳槽之意，所以，他去和老闆商量這件事。結果，老闆對他說，他在這個公司的發展已經很不錯了，也該知足了。那位雇主實在沒有體會這位年輕人的心情。他正青春年少、才華橫溢又雄心勃勃。這時候，就讓他自滿於已取得的成就，對他有什麼意義呢？因此，他立刻辭職，到了別的公司。」

這位老闆知道這個年輕人想留在他的公司裡，也不奢望老闆立刻就幫他升職。但是，這位老闆太性急了，誤扣扳機，反而壞事。老闆以爲只需輕拍員工的肩膀，或給他一小塊糖吃，就足以籠絡他的心了。然而，他完全錯了。那位年輕人眞正想確定的是自己的前程和發展的機會。那位老闆原本只需探探員工的口風，就可以了解他的欲求，再想辦法滿足他。可是，他卻不肯費心這樣做，最終失去了一名能幹的幫手。

滿足虛榮心

芝加哥的伊利諾州大陸銀行行長尤金・史蒂文斯，在他少年時期，曾經在明尼阿波利斯販售過公債券。在他三十歲時，僅靠著一千美元的資本起家，創辦了雄霸一方的銀行事業。

他曾運用策略招攬一名重要的新客戶，在重要的當口，他準確地揣摩到了對方眞正的意圖。史蒂文斯說：「那是一位老年人，長著兩道濃密的眉毛，我至今還清楚地記得他那天的神氣。」

這位有濃眉毛的紳士是一位非常成功的富豪，史蒂文斯得到了一個與他合作的機會，然而，他卻立刻察覺到和他交涉非常困難。他回憶道：「當我把想法說出來時，他總是設法反駁，簡直沒有什麼方法能說服他。」

「坐在他的對面，我忽然想到了一個辦法，我對他說：『你當然也很清楚，你的反對並不怎麼重要。它們無論如何絕對動搖不了公債券的基礎，也不會影響到公債券的價值。』」

於是，一絲難得的笑容從那老者的嘴角浮現了。

「這倒不錯。」他說。

「從那時起，交涉就變得容易多了，結果我做了一筆大生意。」

那老者的意圖是很明顯的：他在考驗史蒂文斯，故意提出許多愚蠢的批評，測試史蒂文斯對公債券到底了解多少。

史蒂文斯也看出了老者的手段，他更進一步地察覺，隱藏在這個手段背後的是更大的欲求：使自己的金錢能確保安全。他想知道史蒂文斯對於公債券的意見是否可靠。所以，史蒂文斯的責難，正好化解了當時老者的疑慮，正中要害。

第一次世界大戰期間，美國國家銀器公司負責替政府製造許多精細的貨物，這是很艱鉅的工作。當時，那位綽號「傑克」的巴林袞先生接替了帕特森成了公司的經理，他發覺工人們不斷地流失，使廠裡的工作受到了嚴重的妨礙。

這是爲什麼呢？「爲了掙更多的錢」，管理工人的職員這樣解釋工人的離職。

但是巴林袞對於這一解釋並不滿意，他決定親自與數百名正等著領最後一次工資的工人談話，詢問工人離職的眞正原因。結果，他歸納出一個情況：工人們認爲工作環境需要改進，他們對很多地方感到非常不滿。於是，巴林袞保證對這些問題逐一加以改正，再三向他們保證自己的誠意，最後，大多數人仍舊留了下來。

巴林裘說：「當我分析他們要求辭職的理由時，我發現『增加工資』並不是首要原因，它實際上排到第四位去了。」由此可見，增加工資乃是一個藉口，在這個藉口之下，藏著許多他們不願談起的眞正意圖。

即使我們滿足了別人隱藏的意圖，最好還是不要提起。前芝加哥大學校長馬克思・梅森就因爲能注意到這一點，募集了數百萬元捐款。

在此之前，他曾接受一個數目較小的捐贈，一座價值五十萬美元的實驗室。馬克思・梅森把這件事通知了當地的新聞記者。

第二日早晨，實驗室的捐助人在閱讀《芝加哥論壇報》時，在第三版上讀到了關於自己慷慨捐贈的報導，在封底的大事攝影報導中，他看見兩張有關捐款的照片，其中的一幅就是他的照片。

結果，在數日之內，馬克思・梅森又從那位捐助人那裡獲得了另一筆捐贈，這一次是整整一百萬美元。

原來，梅森的舉動恰恰達成了捐助人心裡隱藏的希望，一種被大眾關注的愉悅，這是一種虛榮心的滿足。但是，梅森可曾提過這個動機？絕對沒有！類似的捐贈都是以提倡科學、幫助教育爲名進行的。毫無疑問，這位捐助人的捐贈之舉是至誠的，這一舉動能提升他的身份和名譽，也許他自己都沒有想過。

然而，人們的所有舉動，哪怕是最簡單的行為，其動機都是很複雜的。如果那些強大的動機並不值得誇耀，人們自然會忽略它，去關注能使他們覺得光彩的動機。心理學家把這種心理上的變化稱為「理性化」，人們常會以這種方式自欺。

要察知別人需要什麼，並不是困難的事。只要不過於專注自己，而多留心別人的各種問題，並研究他們的意見。然而，我們時常連別人的根本需要都忘了。

愛迪生的第一件專利品就是失敗之作，因為他沒有考慮到別人的需要。他發明了一種很巧妙但沒有實際用途的機器——立法團體用的投票記錄機。後來，愛迪生說：「對我來說，這是一個值得深思的教訓。」從此以後，他在研發新發明之前，一定先判斷是否有實際用途。

將心比心

汽車大王亨利・福特說過：「從我自己以及他人的經驗中可以知道，所謂成功的策略在於，考慮問題時，要從他人的角度去掌握對方的觀點，也就是『將心比心』地去審度一切事物。」

通用電氣公司經理歐文・楊也曾說過類似的話：「能夠爲別人設身處地著想的人、能夠了解別人心理的人，永遠不必爲自己的前程著急。」只有從別人的觀點出發去接近他們，才有機會掌握他們。這並不難，只需在說話的時候，留心一下時機和內容就夠了。

派珀是卡內基基斯頓橋樑公司的一位股東，他對卡內基的其他事業，譬如專爲橋樑公司供鐵的鋼鐵廠非常嫉妒，還常常爲此發生爭執。有一次，派珀就爲了一份合約責怪卡內基的弟弟，他以爲那份合同抄錯了。

價目表上標的是「實價」，可是當交易完成時，誰也沒有再提到「實價」的事，派珀想弄清楚「實價」這兩個字的意思。

「哦，派珀，」卡內基弟弟說，「這個意思是說不需要再增加什麼費用了。」

「那就好，托馬斯。」派珀很滿意地回答道。

對此卡內基評價：「有許多事情都需要這樣應付，倘若說『實價就是不打折扣』，可能會立刻引起一場爭辯。」而卡內基的弟弟以派珀所能了解的方法迎合他的想法。

這段小故事足以說明如何運用說話技巧來化解紛爭。

紐馬丁・理德爾頓，是一位以雄辯著稱的律師，他曾指出：「如果不能讓和我們交談的人產生興趣，或是不能折服他，大概是因爲我們不能從對方的觀點營造話題的緣故。」

威爾遜總統爲組織國際聯盟到歐洲各國遊說時，豪斯上校略施小計協助威爾遜說服了法國政府。在威爾遜與綽號「法國老虎」的克萊門索會晤前十分鐘，豪斯向威爾遜貢獻了一個主意，他建議威爾遜以海洋自由問題開始他們的談話，勸法國加入國際聯盟，因爲這是法國急需解決的問題，又與國際聯盟有密切的關係。

果然，克萊門索聽了之後心動不已，也因此成爲國際聯盟的忠實擁護者。

觸及別人的觀點，就是破解一切個人權力的鑰匙。在出席一個集會前，我們應該思考該說些什麼，並依循對方的興趣表達意見。此外，向上司彙報、與客戶見面、和同事交談或召見下屬之前，也應該先考慮他們的需求。

Tips

在考慮問題時，要從他人的角度去把握他人的觀點，也就是說「推己及人」地去審度一切事物。——亨利・福特

洞燭機先

在表述意見之前，先研究一下別人的觀點並試著預測別人的需要，在對方還未提出需求，甚至尚未察覺有此需要之前，就事先迎合他。

探查別人的觀點

喬治・巴滕公司經理威廉・瓊斯與巴頓・德斯廷・奧思本公司副經理德斯廷的談話，無意間促成了廣告史上最大的合併案。

瓊斯說：「我注意到，你我的經銷處在客戶問題上並沒有什麼實質性的衝突。」

「這是什麼意思？」德斯廷問。

「哦，沒什麼……」約翰斯一邊這樣說著，一邊就微笑著走開了。

在此後的好幾個星期裡，他們之間都沒有其他交流。然而，瓊斯移植在德斯廷心中的主意，實際上已經悄悄萌芽了。瓊斯是不是建議兩個公司合併呢？德斯廷決心要仔細研究一下。在雙方第二次會晤時，經過詳細討論，促成了規模宏大的合併事業。

事實上，瓊斯不著痕跡地提出一個要點，又輕易地以一絲微笑帶過去，奇妙的是，就在這一過程中，他已經把他的想法傳達給對方了。瓊斯顯然有著明確的目的：他要在正式提出建議前先搞清楚對方的觀點。

別人對於一個新的主意將會作出怎樣的反應，是我們幾乎不可能確切預知的。我們最多只能作出一個接近常理的猜測，然而，倘若我們一味地依據這種猜測去行事，一定會上當。所以，有才幹的人常常會想辦法來避免這種危險。

佛蘭克林在費城時，也運用了這種策略爲費城安裝了電燈、組建了警察局、成立了費城大學和美國哲學學會。在他準備開發每一項事業前，他總會先在某一次集會上宣佈他的想法，或在報紙上發表一篇論文。如果迴響不大，他就先將計劃暫時擱置，然後再漸進地、謹愼地探察他希望獲得支援的人的觀點。

喬治．華盛頓打算廉價購買肯塔基土地時，美國軍官正在那裡接受訓練，準備參加法國及印度戰爭。華盛頓在給弟弟的信中寫道：「你住在一個好地方，能在不同的時間遇見這麼多軍官，如果你可以打聽（用一種戲謔的態度，不要認眞）他們對這片土地訂什麼價錢，我非常樂於知道。」

阿爾．史密斯在紐約眾議院任職時，採取後來被人們稱為「沈默的最初三年」策略。他的領袖湯姆．福萊曾經告誡史密斯必須小心謹慎地等待，直到對自己有完全的把握，並對所處的新環境有通盤的了解後，才挺身而出，成為傑出領袖。

許多成功人士在決定實行一項計劃前，總會事先費盡苦心去考察別人可能會有的各種意見。

英國戰時首相勞合．喬治與法國舉行「艱難的談判」時，刻意塑造不會說法語的形象，身邊老是帶著一群翻譯。因此，勞合．喬治聽到了很多本來不打算讓他聽到的話。

揣摩別人的心意

為了銷售收銀機，約翰帕特森親自組織並訓練了一批推銷員，後來成為全國最優秀的推銷人員，是許多製造商尊崇的模範。

帕特森堅信，他的推銷員剛開始和商人打交道的時候，絕對不會馬上就向他們兜攬生意。帕特森說道：「這是我們的原則，在推銷員還未明瞭他要推銷對象的心理之前，絕對不能談論生意這件事。」

帕特森又說：「每一位推銷員都接受了非常完備的訓練。例如，當他走進商店時，他會先購買一些東西，觀察他們怎樣記賬、送貨、收銀；並主動和他們的夥計攀談，留心可能連帶發生的錯誤；此外，他還要從老闆或夥計那裡『竊取』他們的營業策略和經營手法，甚至還得記下商店的佈置情況。」

這就是著名的帕特森推銷術的部分內容，幾乎所有美國銷售商對帕特森的策略都肅然起敬。帕特森讓推銷人員體察每一個商人的情況；在別人最需要的時候，向他們兜售收銀機。

一九二四年，新近問世的克萊斯勒汽車突然贏得了消費者的普遍好感，一躍成為美國最大的汽車製造商之一。華爾德・克萊斯勒究竟用了什麼方法，使得他的汽車一下子贏得全國那麼多人的喜愛呢？

他說：「像我們這種完全依靠客戶滿意度來發展事業的人，不妨把所有的客戶設想成同一個人，從各方面研究他的需要，這無疑是個好方法。如果某一個人對我們的看法與我們的永久利益有密切的關係，那麼，採取嚴肅的態度，以贏得這個客戶的滿意是很重要的。」

「把所有的營業對象設想為一個人，並沒有什麼誇張的意味。嚴格地說，這不是事關一個人滿意與否的問題，而是與你的所有客戶都密切相關的，可能決定整個事業的命運。」

克萊斯勒這樣研究客戶的需要：挑選一個典型的顧客作爲對象。然後，以他們的觀點、虛榮心、道德意識及習慣去設計汽車，並修正推銷政策。

克萊斯勒知道他要面對的是具有不同背景的一群人，顯現在他眼前的各式各樣的人，就是他要去打動、抓住的人群。但是他們的需要又多麼的不相同，想以成千上萬的人爲對象，找出一個萬無一失的方法，事實上是不可能的。倘若這樣做，結果總是被自己的需要及興趣所左右，而不能眞正觸及別人的需要和興趣。所以，如果不能把成千上萬的人當作一個集體的單位來觀察，我們根本無能爲力。

爲了避免這種錯誤，克萊斯勒有一個簡單的標準：選取一名典型的男子和一名典型的女子，代表他所有的顧客。

另一位成功的廣告家也使用同樣的策略，在他的辦公桌上，陳列著各種人物的照片，他以這些人來代表目標群眾：譬如，買昂貴咖啡的婦女、買辦公用品的男子等。這樣他的思想才會集中到別人感興趣的焦點上，而不致拘泥於自己的框架裡。

《紐約日報》發行人華爾德．斯特朗則是將他的讀者以「橫截面」來分析。他按照讀者收入的多寡將他們分成四個級別，然後派十個人分別和四千名代表這四個階層的男女讀者逐一談話，徵詢他們在《紐約日報》中最關注什麼報導、最喜歡什麼文章。最後分析這些人的意見並作總結，成爲斯特朗成功的商業寶典。他說：「我們就像在黑暗中射擊一些變幻不定的東西，倘若我辦了一份只適合我自己的報紙，那肯定不會暢銷的。」

在第一次世界大戰中任聯軍總司令的法國名將福煦，剛從軍事學校畢業時，不像別的青年軍官那樣，因爲被分派到條件較好的城堡而興高采烈。相反的，他自願到艱苦的塔布去。原來，各個種族的法國人都經常到塔布趕一個馬市，因此，福煦可以觀察到他們「氣質的殊異」。福煦畢業之後，從來沒有停止研究人的性格。他對各種典型的人的心理狀態都非常了解，並能與這些人融洽地相處，這種能力與他的軍事天才不相上下。

早年當過新聞記者，後來成了《波士頓郵報》發行人及大股東的埃德溫·格羅澤，過去常常在深夜混在擾攘的人群中，漫步在臺階旁聽婦人們的閒談，或在人群旁駐足，利用雪茄加入他們的話題，了解他們的眞實想法，作爲報導的題材。

阿道夫·朱克曾是派拉蒙影片公司的大股東，他每天都站在戲院裡的通道上，等候觀眾散去，觀察他們面部的表情，並傾聽他們對戲劇的評語。

成功人士就是這樣，千方百計去研究、搞懂他們所要影響的人。

哈佛商學院院長多納姆曾說：「商業界充滿了看起來似乎很有才幹的年輕人，他們熱愛自己的事業、辛勤地工作，爲公司的發展盡心盡力。勤奮和忠誠的工作態度使得他們升爲主管或領班，但是，他們的前程卻僅止於此了。爲什麼呢？我相信，最根本的原因是因爲，他們常常按照自己所熟悉的方式去解決問題，而不是站在整個公司的經營理念及老闆的立場去思量。他們從來不曾替老闆設想一下：『他想怎麼做呢？如果我處在他的位置上，應當怎樣處理這件事情？』」

美國國際公會會長馬修・布拉什也曾說過，「在我曾從事的諸多職業中，讓我覺得幫助最大的一件事，就是學會了依照上司的辦事習慣進行自己的工作。我想在每一件事情上、每一個動作上、每一個想法上都趕上他，甚至做得比他更好。我常常比他更早到辦公室，爲他當日的一切計劃做好準備。每進一次辦公室，你的思想就得比你的上司更超前一些。預測他之後的行動將是怎樣的，然後先他而行，表示你的靈敏。」

多納姆校長又說：「也許有人說：『我在這裡幹了好幾年了，我想我一定能勝任更好的工作了。』或是『我家裡添了人口，希望能增加一點生活費。』又比如『你幫瓊斯加了那麼多薪資，我就不明白爲什麼不幫我加薪呢？』

「這些話或許能打動老闆的同情心，然而，這並不表示你在工作上表現傑出，值得拿到更多的薪水，享受更高的職位。」

能領會老闆想法的人，在他們要求晉升前，早就找到許多可以滿足他們欲求的機會了。可見，一個聰敏的人，不用刻意爲自己謀求好處，因爲好處往往不待他自己發言，就主動過來依附他。

查爾斯・施瓦布曾指出，許多領袖人物在早年職業生活中所運用的策略，就是永遠把工作當成自己的分內事。在找工作時，這個策略也是適用的，可是多數人卻忽略了這個重點。一個曾經接到五十萬封求職信的實業工程師摩根，對這個策略的印象很深。

摩根說：「失業者常犯的過錯，就是不用腦子思考。可以說幾乎所有的人——無論是工程師、工人，還是大學教授、專欄作家——全都沒有從老闆的角度出發來考慮問題，這往往就是他們求職失敗的致命根源。」

體察別人的難處

約翰・華納馬克在他二十三歲那年，在費城第六街與菜市街交接處開了一個小店，這是他有生以來開的第一家店。大家都以爲在幾個月內，這家店一定會宣告破產。華納馬克從十四歲幫人送信，就開始攢積資金。但他的積蓄只夠和他的合夥人購辦店內陳列的商品。所以，一般人看來，約翰·華納馬克的資本實在是太少了，而且當時國家又將面臨內亂。然而，他卻出人意料地成功了。

在營業之初，他就揚棄了墨守成規的商業手段，運用了嶄新的商業手法，他發明了種種革新辦法，雖然每次革新都受到攻擊，然而終於把當時整個營業制度都改了過來。

華納·馬克的方法其實很簡單：下定決心尋找使顧客滿意的新方法。

華納·馬克打倒費城舊商業習慣的第一個策略是統一定價，讓同樣的貨品有相同的價格。當時的商店都流行討價還價，華納馬克斷然地說：顧客實際上需要統一的價格。

研究顧客心理，是華納馬克經營的策略，後來他的鋪子已擴大到像一座百貨迷宮了。

紐約的查爾斯·巴誘諾博士和他的兄弟最初只有不到四千元的資本，經過一番艱苦卓絕的奮鬥後，他終於成了地產豪商。他成功的秘訣在於不厭其煩地聽取客戶對門窗、廳堂及冰箱門把等意見。在這些意見的啓發下，他對舊式狹長而陰暗的客廳和顯得過小的起居室進行改造，設計了一種完全不同以往的現代公寓。那就是紐約著名的派克路二七〇號。這幢公寓不僅設備先進齊全，而且舒服、便利。

從巴誘諾博士第一次嘗試，就想出了一個策略：他自己去租自己的公寓，以此了解顧客的眞正需要。這樣他就能處處趕在顧客前頭，在他們提出需求之前，就已經滿足他們了。

愛德華・伊文思的事業在三十六歲那年徹底失敗了，不僅傾家蕩產，還負債一・六萬美元。他不氣餒地找了個推銷的工作，每天領五美元的薪水。但在幾個月內，他就奠定了六千萬美元汽車工業的營業基礎，很快地成爲大資本家。伊文思負責銷售的貨物是一種運載汽車的木板，不久之後，他就積攢了一些現金。

他決定以這些現金當作本錢，背水一戰，去研究顧客究竟需要什麼。伊文思自己租了幾輛卡車、一部引擎、一段道路；買了幾部舊汽車和一些運載設備零件的樣品，還有各種不同的木材樣品，又借來了許多器械。他終日敲敲打打、裝了又拆、拆了又裝，開著破舊的汽車一遍又一遍地做實驗，在路上碾出了數不清的車轍，甚至接二連三地發生撞車的事件……

費了好幾個星期的工夫，他終於試驗出結果。他不但發明了較好的木板，並且發現了一種使汽車能更安全、更廉價、更迅速地裝載重物的方法。

現在，他是伊文思自動運載公司的總經理了，專門將運載設備賣給國內許多大汽車製造廠。伊文思不只提供別人已經需要的東西，還附帶一種新的發明。

詹姆斯．蘭德是納明敦．蘭德公司的董事長，從前也經歷過無數次失敗，直到他發現了一個策略，才反敗爲勝。蘭德與父親鬧意見後，就用極少的資本在聖路易斯開了一家小店，與父親競爭。他的生意起步得很艱難，幾乎沒有人願意到他的公司任職。

蘭德決心到各大銀行看看，留心觀察他們的辦事習慣，發現他們眞正的困難、揭示他們工作的弊病，然後再根據商品的特點，制定徹底的改良計劃。他依照這個預定的方法做，不久就拉到了一宗大買賣。

這些成功人士不但會關注與他們計畫相關的需要和興趣，也會考慮一些與他們理想相反的需要和興趣，他們會事先預測到種種可能的反對和衝突。

朱利恩．羅森沃爾德曾是南華批發商店裡的夥計，後來成了芝加哥的富豪，他也是透過「預測阻礙」的方法而成功的。他賣東西給別人時，會站在顧客的立場考慮問題，並加以改進。

爲了說明這一策略的重要性，歐文．楊以羅戴思爲例。他說：「南非帝國的建設者賽西爾．羅戴思，每當作重要決策時，他總是在房間裡踱來踱去，把自己當作對方，提出種種反對意見詢問自己。」

人壽保險專家基爾・布萊克曾說：「大人物不常發問，不代表他們沒有疑問，事實上，他的問題與常人一樣多，只不過他把疑問藏在心裡罷了。所以，雖然他不發問，我們還是得設法令他滿意才行。」

所以，無論別人是否表達反對意見，倘若我們不關心他的感受，就容易導致失敗。有可能的話，應當事先預料到這種隱性的反對或不滿，而想好對付的方法，才能爲最終的成功打下良好的基礎。

凡是成功的人，總是會儘量留心別人的觀點，他們的行動都是從適宜於別人的需要及興趣中發生的。但是必須要準備隨時去駕馭那些可能發生的意外，並使它們變得對你的計畫有利，這樣才能避免種種困難，順利地獲得成功。

Tips

好奇心是一個創業家的基本必要條件，要冒險，用功、努力都是後面的事情。

——廣達董事長林百里

避免與人爲敵

勸誘別人實行自己的主張，最好退居幕後。讓別人做你的喉舌，把你的思想表達出來。必須謹記的是，要以大局爲重，優於個人利益。

為人保留顏面

豪斯上校告訴布賴安一個不好的消息，使布賴安的希望粉碎了。這件事情發生在一九一五年一月，第一次世界大戰爆發後的第二年。國務卿布賴安到歐洲出任美國和平密使一事，沒有得到政府的核准。總統決定派豪斯去完成這件艱難的差事，並要豪斯通知布賴安這個消息。

豪斯在他的日記裡，寫下了和布賴安會面的情況：「他聽說我是即將赴歐洲就任和平密使的人選，很明顯地露出了失望的神情。他說他很早就在爲這次使命做準備了，我答道：『總統的意思是，如果需要正式任命，誰去都不太合適。因爲這樣一來，就會引起人們廣泛的關注……』聽我這麼一說，他就慨然地表示，如果採取非正式的形式，那我無疑是最適合不過的人選了。」

「會引起人們廣泛的關注」不啻是對布賴安的安慰；「非正式任命的密使」，也不過是巧妙的藉口，但這樣就維護了布賴安的自尊心。

豪斯明白傳達壞消息是一件不太好辦的事，其困難之處並不是消息本身，而在於傳達的方式。大多數人並不明白這一點，他們一看見別人的失敗，就不免會情不自禁地自我膨脹起來。他們的這種行爲一旦被別人發現，別人就會疑心他們是在幸災樂禍，哪怕是一剎那的懷疑，別人也一定會對他們恨之入骨的。有能力的人不得不傳達壞消息，或必須粉碎別人的希望時，往往會盡力避免讓別人感到恥辱。

亨利·福特拒絕別人的請求時，爲了緩解對這些人的打擊並維護他們的尊嚴，他會讓這些人去見他的助理，並暗示如何回應他們的請求。有時候，福特帶這些自薦者去見他的助理時，會順便帶一張便條過去，如果便條上的「See」被拼成了「Sea」，便婉拒來者的請求。

麥金利總統（美國第二十五任總統）非得說「不」時，總是顯得那樣誠懇，以至於失望的自薦者後來都成了他的好友。

因此，必須傳達令人不悅或讓人失望的訊息時，要保有尊重別人的善意，並維護當事人的自尊心。

不刻意突顯自己

年輕時的迪斯雷利，穿著白色馬甲、繫著黃金鏈子出現在眾人面前，成了英國下議院裡的笑柄。「總有一天，大家會認眞地聽我演講。」他在回座前這樣說。

不久以後他就有所行動，朝著自己的理想邁進。

迪斯雷利剛開始演講時極其笨拙，推理時邏輯思路不清晰、舉例時瑣碎無比，一股腦兒地引用數目、日期、評估、統計等繁瑣資料。原來，他刻意隱藏自己的才能。這樣持續了幾個月之久，他忽然卸除了僞裝，發表了一場精采的演說，讓議員們聽得目瞪口呆，也因此對迪斯雷利刮目相看。

後來，迪斯雷利當上了英國首相，並成爲歐洲少數大政治家之一。毋庸置疑，他的策略發揮了妙處。

迪斯雷利早年就落得浮華的名聲，在大家眼中，他是個虛有其表的紈褲子弟、自以爲是的傢伙！在他面前，人們覺得受到了無理的冒犯，於是對他充滿了敵意。可是迪斯雷利卻從這種對自己不利的處境中，看到了一片光明。

他故意發表了幾次蹩腳的演說，藉此表明：「我並不是高人一等的，也沒有比你們聰明。」迪斯雷利雖然犧牲了自己的「自我」，卻巧妙地安慰了別人的「自我」。

很多人過於自負，老是以爲自己了不起，無意中傷害了別人的自尊心，也爲自己樹立了敵人。湯姆林斯的一位學生的故事，就是一個很明顯的例子。

湯姆林斯是美國首席合唱團的指導者，久負盛名。當時他正在教導一位年輕的小姐，卻備感吃力。湯姆林斯去拜訪好友瓦倫。湯姆林斯對瓦倫說：「她本來可以從我這兒學不少東西回去，至少能爲她節省五年的時間。可是，她總是表現出，我教她的東西，她早就知道了。因此一和她講話，我就感覺格格不入。有什麼法子改變她呢？」

後來，瓦倫把湯姆林斯的想法告訴了那位小姐，她很快就改正自己的態度，之後她進步神速。原來，她之前只是想盡量表現自己，卻忽略了湯姆林斯的觀感。

心理學家米契爾博士說過一個故事：「一個很有作爲的年輕人，每次遇到急需處理的問題時，總是很粗魯地對他的上司說，你是大錯特錯了。他這樣指責別人的錯誤，卻沒有覺察到有什麼不妥。後來這個年輕人被解僱了。」

人們慣常如此，習焉不察，原來我們的潛意識裡有一種想法，總以爲自己有些方面比其他人更聰明、更卓越。可是一個眞正的領袖是讓別人昂首闊步，自己卻躲在後面拉著繩子。即使是對最卑賤的人，領袖人物也會儘量維持他們的自尊心。

從上述的例子可以看出，凡是具有領袖才能的人，和人相處的第一步，都不會讓別人在自己面前感到自卑。

林肯與道格拉斯進行辯論時，申明自己毫無所知。儘管林肯當時講了不少令人歎爲觀止的妙語，可是，他絕對沒有讓人頌揚他機智的想法。

卡彭特是費城著名的工藝家，他認爲：「如果你自以爲有無上的智慧及過人的才智，而在別人面前滔滔不絕地講著，並爲自己的表現沾沾自喜，別人是絕不會感興趣的。

「連這種基本常識都不知道的演說家，常挖空心思想新穎的題材，以爲這樣便能爲自己的言談增添光輝。實際上這種行爲只能取悅自己，並不能使聽眾們感到愉快。」

越平庸的人，越急於證明自己不同凡響，相較之下，所有人都是傻瓜。但眞正的領袖人物絕不會如此，反而會讓每個人都能肯定自己。所以，不要把自己看得與眾不同、看得比別人更重要。

淡漠虛名，以大局為重

原本喬治．帕特南是最後一位演說者，可是經過考慮，並和主席商量後，他決定和著名的牧師亨利．凡．戴克博士對調演講順序、交換演講內容。

喬治．帕特南是帕特南出版公司經理，他經歷過堅苦卓絕的奮鬥，在許多代理店裡工作過，終於成爲出版界的翹楚，並在國際版權的競爭中一舉成功。因爲如此，他和凡．戴克博士一同獲邀發表演說。

帕特南事先就知道凡．戴克的演講內容，也覺得不錯，可是這不是帕特南更換講稿的理由。他之所以和凡．戴克調換講題，是要讓凡．戴克演說他準備的內容，替他提出幾個重要的商業問題。換句話說，帕特南用了巧妙的手腕，藏身幕後，把凡．戴克輕輕推到前面，讓他成了第一責任者。

通常，人們總以爲領袖大多沽名釣譽，迷戀著光環和榮耀。所以，只要領袖稍微有一點爲自己邀功請賞的苗頭時，人們就會顯得冷淡，甚至敵對。所以眞正的領袖常退居到幕後，暗地裡進行計劃，讓別人做他的喉舌，替他表達意見。

大事業家富蘭克林二十五歲時，還是個名不見經傳的青年，但已創立了費城圖書館，後來又建立了一個學院（即賓夕法尼亞大學）。然而，在這兩項事業裡，他儘量不出鋒頭。爲愛好閱讀的人創立圖書館，他借用朋友們的名義；成立學院的時候，他也儘可能隱瞞自己是創始人，而歸功於一群熱心公益的紳士。

富蘭克林表示，「提倡有意義的事時，不該老想著表現自己，這樣的話，別人很自然地認爲你是沽名釣譽之徒，也會使某些人心裡覺得不舒服，而這些人將對你成就自己的事業有著關鍵性的作用。忘卻自己的虛榮心，日後才能獲得更大的報償。」因此，凡是有能力的人，處理問題總是以事業爲重，而把個人的得失看得很淡。

哈理曼是偉大的鐵路建築家，沙納西談到他：「我感覺，他有一種偉大力量，使得和他接觸過的人都會忠實於他。他之所以能具備這種力量，是因爲他能知人善任，並能使周遭的人對他有深切的信仰，堅信他的目的是爲大眾謀福祉，而不是爲個人的私利，他的志向比任何人都要博大高遠。」

秉承著同樣的精神，《紐約世界報》創始人和出版人普利策，曾經告訴編輯們，在緊急時期，如果他發出的命令和該報政策相違背時，編輯們大可不必理會他的命令。

一般人面臨許多問題時，往往把自己的利益、妄想以及虛榮，放在一切之前。可是眞正的領袖，即使是面對事業中的一件尋常小事，也會看得比自己的任何事都重要。

Tips

強化你的優勢，而非你的缺點；先要做對的事，再做好事情。——彼得·杜拉克

該出手就出手

整個生命就是一場冒險，走得最遠的人，通常是願意行動、冒險的人。穩妥的船，從未能自岸邊走遠。

積極進取，功成不居

柯立芝（美國第三十任總統）以謙遜美德著稱，在愛莫斯特大學的最後一年，他獲得了一枚金質獎章，這一項殊榮是由美國歷史學會授予的。但是，柯立芝沒有對任何人說起這件事。後來他畢業後，任用柯立芝的法官菲爾德無意中在《斯普林菲爾德共和雜誌》上，看到這事的報導，距柯立芝領取這個獎章已過了六個星期了。

在柯立芝一生的事業中，都因爲這種眞誠的謙遜而受人稱道。

但是，另一則逸事透露了柯立芝的另一面：當他競選麻省省議員連任時，在選舉前夜，柯立芝忽然提著他那「黑色的小手提袋」，大踏步地趕到諾坦普頓的車站。原來，他無意中聽到省議會議長一席虛位以待的消息。兩天以後，當他從波士頓回來時，他的手提袋裡已經裝滿了大多數議員親筆簽名的聯名信，推舉他為省議會議長。就這樣，柯立芝邁開了政壇的第一步，擔任麻省省議會議長。

在關鍵時刻，以謙遜著稱的柯立芝，當仁不讓地主動出擊，以迅雷不及掩耳之勢脫穎而出。

「天賦的謙遜」是托馬斯．傑克遜的顯著特性，他是美國南北戰爭時期南方聯盟的一員猛將。在他彌留之際，他還是堅持認為「石城」這一美譽屬於他所率領的一旅之師，而不僅僅屬於他個人。另外，在墨西哥戰爭中，總司令斯科特將軍對他的英勇善戰所給予的公開而盛情的稱讚，傑克遜隻字不提。

但是，就在墨西哥戰爭剛爆發時，傑克遜在給他姊姊的信中，寫滿了他要建功立業，為自己博取顯要地位的計劃。在他追求聲譽的過程中，他採取的第一步行動，獲得了斯科特將軍的親口讚賞，致使其後的幾次迅速升遷。這個行動就是主動要求從常規部隊轉到炮兵隊，因為他相信在那裡「長官們更容易把整個部隊的功績歸功於某一個人」，有利於自己的升遷。幾年以後，我們又看到他使盡渾身解數去爭取佛吉尼亞陸軍大學的教席，因爲他預先看到了這個位置必將「聲名卓著」。

在柯立芝和傑克遜身上，我們似乎發現了矛盾：眞誠的謙遜和敏銳的上進意識，竟然同時是一個人的特質。

實際上，這兩者之間並無矛盾。要想取得成功，必須具備完美的品格和眞正的才能。但是，在這個務實的世界裡，良好的道德並不能爲自己帶來報酬。「苔蔓叢生的青石旁的一株紫羅蘭」，容易被人遺忘。假若我們有高貴的品行和卓越的才幹，卻不讓人知道，我們既欺騙了自己，也欺騙了別人，所以，該表現時要當仁不讓。

不過在可能的情況下，成功者還是希望保持謙虛，眞正偉大的人物，沒有一個不以謙遜著稱的。

只有那些膚淺又短視的人，才會喜歡在大家面前粉飾、吹噓自己，才會不厭其煩地提醒別人注意他做了多少事情，提醒別人自己的知識多麼淵博，生怕別人忽視自己了，陶醉在一種淺薄、自命不凡的感覺中。

反之，成功的人物，常超脫於這種淺薄的虛榮，因爲他們了解，這種虛榮不僅不會帶來任何好處，反而常常給我們帶來滅頂之災。大多數的人都不喜歡那種隨時都希望自己成爲關注中心的人，他們甚至恨不得當場把那些愛慕虛榮者的華麗外衣撕開，讓他們露出醜陋的眞面目來。人們尊敬的是那些謙遜的人，在很多事情的處理上，恰到好處地表示出自己的謙遜，這是博取聲譽的最好辦法。

舉例來說，在隱藏自己優點的謙遜方面，沒有人能像巴拿馬運河的建造者哥薩爾斯將軍更徹底的了。當巴拿馬運河順利完工時，面對那些公開的慶祝活動，哥薩爾斯將軍幾乎都統統回絕了。當別人對他的事業提出批評時，哥薩爾斯將軍常常會這樣說：「我們以後會回答這一問題的——用運河本身。」哥薩爾斯對自己的成績從不大肆聲張，寧願讓功勳自己說話。正因爲他們的謙遜，這些成功的傑出人士才會贏得赫赫聲名。

一般人都不會去信任那些愛慕虛榮和誇大其詞的人，因爲他們常常高估自己的才能，所以，大家都會覺得他在別的事情上，也難免會判斷失誤。不過，一個人如果把自己看得太低，而過分謙虛和畏縮的話，也不利於在別人心中樹立一個良好的形象。虛僞的謙遜常常和虛僞的自尊一樣，也是一種虛榮。

步出行列，贏得注意

一天早上，安德烈·卡內基到達辦公室時，發現一輛破舊的車子阻礙了鐵路，整個鐵路運輸陷於一片混亂之中。最要命的是，鐵路分段長斯科特又偏偏不在。

卡內基能做些什麼呢？只有鐵路分段長才有權力發出調車的命令。卡內基知道，如果他走錯一步的話，可能會受到嚴厲批評、革職，甚至受到刑事處罰。

但許多貨車被迫停滯途中，特快客車也嚴重誤點了。在那一刻，卡內基顧不了這麼多了，他破壞了鐵路管理中最嚴格的一條規則，自作主張發出調車命令，上面簽著斯科特的名字。

等到斯科特趕來時，阻塞的交通已經暢通無阻了，一切按部就班地順利運行著。斯科特感到非常驚奇，不過他沒有說什麼。

後來，連本薛文尼鐵路局局長都聽說了卡內基「調車的偉績」。卡內基很快就升任爲斯科特的私人秘書，在二十四歲時便成了鐵路分段長。

一位年輕的鐵路郵遞員，正和成百上千個其他郵遞員一樣，用人工的方式分發著信件。大部分的信件都是憑這些郵遞員不太準確的記憶來撿選、發送的，許多信件往往會因爲出現差錯而被耽誤幾天甚至幾周。這位年輕的郵遞員開始思考新辦法，他發明了把寄往某一地點的信件匯集起來的制度。這位郵遞員就是西奧多・韋爾，他的圖表和計劃吸引了上司們的高度注意，也立刻獲得升遷的機會。五年之後，他成了鐵路郵政總局的副局長。

「能夠吸引別人注意的人，」施瓦布說：「就是能隨時思考和從小處表現自己的人，而不是時刻想著在別人面前演戲、炫耀自己功績的人。」他提到廠裡有一位員工能得到提拔，就是因爲每次交班的時候，一定要等到他的下一班人來了，把當天的問題詳細地交代過後再離去。

馬克斯．貝爾，一位很年輕的小夥子，能屢屢得到提拔，一直升至羅克島鐵路局副局長。他成功的原因是在執行任務時，不管如何艱難和複雜，他總會很留神，絕不輕易向人求助。

大陸伊利諾銀行的行長史蒂文斯，雇用了四千名職員，談到怎樣發掘能承擔較大責任的人時，他說：「假如有一萬人一字排開，站在司令官面前。對這位司令官來說，隊伍中的每一個人都差不多，他並不能從這些人中挑出特別的人。只有其中幾個人站到行列之外，他們才能受到青睞。」

「我經常會注意尋找幾個能從這家銀行的職員行列裡向前邁出幾步的人。如果想成功地做出一些不同凡響的事，而不希望在別人的指揮下做事的話，自發的創造力和堅毅勇敢的精神是不可少的。」

有時，就像卡內基的例子一樣，爲了能「步出行列」贏得注意，即使要冒極大的危險也值得一試。

打破常規，脫穎而出

「海軍不能老射大豆！」這是一位青年海軍中尉給羅斯福總統的一封上書中的要旨。

寫這一封信，就已經破壞了軍中歷來嚴格的呈請慣例，他越過了直屬長官及海軍部長，這幾位先生都已經拒絕採納他的意見。現在，威廉・索登・西姆斯，冒著嚴厲懲罰的危險，將他的計劃直陳於總統。

這次「上書」帶來的直接結果，就是大西洋艦隊中的五艘戰艦，撥給了這位剛崛起的海軍中尉，由他來統率。接著，他晉級爲司令官和海軍演習的監察官。後來，更被譽爲在當代海軍建設中最有建樹的人。

西姆斯有精深的見解，並將它們表現了出來。另外，他也勇於打破行政程序。因爲這樣的舉動，使他受到注意，從成千上萬的士兵中「邁步出列」，爲他以後的功業打下了基礎。

這是一種冒險的戰略，要使用這種戰術，應自信我們的確能契合一種眞正的需要，不過，一旦作出正確的判斷，所冒的風險往往會帶來豐厚的報酬。

卡內基說：「不能破壞規則以提高效率的人，是無用的人。」「如果一個人不能看出破除定則的需要，在我看來，他已經到達能力的極限了。」所以，能獲得提拔的人，是依據常識打破鐵律的人。

任何事業上的規律，都會存在一定的例外。而且在大多數業務上，隨著世事的變遷，有許多規律和習慣其實早已失去其效用了。一般人遵守它們，完全是因爲安穩和便利。敢於向看似神聖而不可侵犯的定律挑戰，常常可以獲得雇主注意和樹立自己的威望。當然，在任何組織中，服從和紀律是必要的。不過，當一件事已經明顯走入歧途的時候，能幹的人就會思考新的辦法。

在一個單位裡，有許多方法可以讓自己「邁步出列」、「脫穎而出」，所有策略集中於簡單的一點：爲升遷制定計劃。

美國鈔票公司的總經理丹尼爾·伍德哈爾，他相信一個人能夠得到提拔，五〇%的原因在於他的才幹，另外五〇%的原因在於對升遷的渴望。他說：「知道你自己的價值，並且知道在什麼時候、以什麼樣的方式表現出來，是很困難的兩件事。要將二者適當地結合起來，需要隨機應變的能力。」

唐斯，是從鐵路測量員逐步升至伊利諾州中央鐵路公司局長的傳奇人物。他說：「悄無聲息地，同時又能順利地使你的雇主注意到你是一個值得提拔的人，這是應當做到的事情。在這一過程中最關鍵的是，做好你的本職工作，正確地估量你的下一步，隨時準備取而代之。」

有企圖心的人，隨時伺機而動，期望一舉成功。

創造特色，塑造形象

弗．坎農是漫畫家所愛好的「弗伯伯」，他連續擔任眾議院的發言人長達八年。最初的時候，他只是議會裡新添的一員，一個來自伊利諾州的青年。

「這位從伊利諾州來的紳士，口袋裡一定藏著燕麥吧。」一位議員不友善地開他玩笑。會場裡頓時爆發了一陣轟笑。但是，機智的弗．坎農並不慌張，反而從容地說：「不錯，不只是我的口袋裡藏著燕麥，我的頭髮裡還帶著草籽呢！」

憑著這一句機鋒，弗．坎農這位「草籽議員」聲名傳遍全國。

羅斯福曾被譽爲「繼拿破崙之後，政界最成功的形象塑造者」。他知道什麼時候該穿上粗糙的騎裝。如果沒有那些別致的衛隊、黃銅的馬蹄鐵和卡其布的制服，他恐怕就無法當選紐約州州長。

一位攝影家曾提過，在幫羅斯福拍照時，他拒絕依照攝影師的要求擺姿勢。他極力主張拍攝一些自然的鏡頭，不管當時他的面龐是否扭曲、他的姿勢是否醜陋。如此，羅斯福就爲自己樹立了自然、親切的形象。

「草籽議員」弗・坎農，確實帶著鄉村的氣息，他代表的正是許多農民的利益。羅斯福的確「勤奮地生活」，並且帶有「莽撞的騎士」風格。不少人發現，這樣的個人特色足以留給人們深刻的印象，並獲得人們良好的評價。

有時，甚至一些看似怪異的舉動也能獲得相當的效果。

深受人們喜愛的作家馬克・吐溫，在漫天大雪中，穿著一件白色的法蘭絨衣服，在華盛頓的大街上來回走動。他奇怪的舉動使得舉國上下大感詫異。事實上，他正在敦促國會通過一項保護著作權的法律提案，這是他的宣傳活動的一部分。他的白色法蘭絨衣服像雪一樣白，很快的，馬克・吐溫成了全國街頭巷尾的談論對象。新聞媒體爭相報導，漫畫家們則以諷刺畫來聲援他。結果，馬克・吐溫的提案，得到了人們廣泛的認可，順利通過了。

亨利・福特在福特汽車公司鬧出了許多笑話，讓成千上萬的人發笑不止。他之所以這樣做，也是帶著類似的見解，「它們都是很好的廣告。」

喬治・科漢爲他的戲劇做廣告，在報紙裡，科漢用很大的篇幅刊登了許多負面的批評，他這樣做的目的，是誘使讀者提出相反的意見。科漢說：「一周接著一周，他們總是很熱烈地作出回應。這種筆墨官司，一直持續了好幾年，無形中送給我價值數百萬元的免費廣告。」

Tips

企業與國家競爭力的公式，就是競爭力與「你創造的價值除以成本」成正比，也就是創造的價值愈高，成本愈低者，競爭力就愈大。——宏碁集團董事長施振榮

第4篇 拔擢人才 仰仗其力

一位經營者不需要是萬能的，但卻必須是品格高尚的人，因為後者往往更能吸引人才。

——松下幸之助

衡量眞正的人才

事之至難，莫如知人；事之至大，亦莫如知人；誠能知人，則天下無余事矣！你可以從外表的美來評論一朵花或一隻蝴蝶，但不能這樣評論一個人。

留心瑣事，表露性情

領袖們究竟憑藉什麼樣的證據判斷他人。換句話說，就是評斷他人所依循的是哪些線索。

墨西哥總統奧柏雷崗，是這個多災多難的國家中爲數極少的傑出政治家。當他擔任革命軍將領時，第一次會見他的長官加倫沙。之後，有人問他對加倫沙的印象如何。

奧柏雷崗回答：「我對他的了解太少了，不便作什麼評論。但作爲一名主帥，他見樹不見林，總想自己佔便宜，而且武斷。」

那人再問道：「你的結論頗有趣，可是我感到奇怪，你根據什麼而有這樣的認知？」

「一半是我的直覺，一半是對許多瑣事的觀察，這些事就好像稻草能展現風向一樣，使我對這個人的本質有了大概的了解。我可以舉例說明：那天晚上我和加倫沙談話的時候，他有幾次突然停下來，走到外邊去看他的馬是否被細心地餵養和照料。這只是其中的一件事，還有很多類似的事，可以看出他對瑣事很關心，經常受到環境的誘惑而不能有效地抵禦。這種心思是無法統籌全局的。」奧柏雷崗說。

所謂風中的稻草，只是評斷一個人的雕蟲小技，領袖們對於人們通常忽略的瑣碎細節非常留心。他們會觀察人們在一定的環境之下的行爲，用力之勤實爲一般人所不及。

當我們發現一個人專注的是什麼、輕忽的是什麼；讓他覺得喜悅、歡樂的是什麼、使他感到痛苦、恐懼的是什麼，我們就開始了解這個人了，並預測在某種情景下，他可能產生怎樣的感覺和採取什麼樣的行動。

打個比方，如果陷入了困境，他會不知所措，把責任推到我們身上嗎？還是恰恰相反，他會自己承擔責任，不把過錯推給別人？

和一般人一樣，你的動作和情感已形成一種習慣，並成爲一貫的風格，這也就是所謂的「個性」；個性常常藉由動作、姿勢、表情、語調、聲音等表現出來。有時候人們雖然沒有明顯的流露出喜怒哀樂，但眞正的情感已經在不知不覺中展現了。

有一位商人玩撲克牌時老輸錢，他告訴哈佛商業學校校長東哈姆說：「有一天晚上，我和五位銀行家玩撲克牌。其中一位在我摸到一手好牌時，他就不住地給我牌吃，我把他壓倒時，他也絕不叫屈。下了牌桌，我就問他是怎麼回事。他說：『哦，每當你拿到一手好牌時，我都知道，因爲你的喉節會不停地上下蠕動。』」

對於能表露一個人的性情和能力的暗示，務必要小心注意。瑣碎小事對我們了解一個人的意義不可小覷。對於那些隱藏在日常行爲後面的某些特性，我們也要努力了解它們，並充分利用。

暗中考察，遴選人才

銀行出納福根求見芝加哥第一國家銀行的新總裁葛奇。葛奇是芝加哥頗有實力的銀行家，福根的銀行裡主要芝加哥賬目都操縱在他手裡。福根的目的便是向這位新總裁致敬。

福根表示：「葛奇先生非常喜歡與人交談，而且追根究底。他從我的童年時期一直問到我所從事的職業，尤其是我的銀行經驗，使我驚訝不已。」對於葛奇鉅細靡遺的詢問，福根百思不得其解。不久以後，葛奇提拔福根爲第一國家銀行副總裁。就這樣過了六年，當葛奇加入麥金利的內閣後，福根便接替葛奇成爲該銀行的總裁，成爲全國卓越的銀行家。

葛奇遴選了一位非常能幹的副手，可是這並非偶然，他利用和福根交談的機會了解他的爲人，而福根一點也不知道葛奇在觀察他。葛奇並沒有表明他的目的，只是和福根隨意地攀談，天馬行空地問他一些問題，然後靜聽他的回答，注意他的言行舉止。

一個人在毫無設防時所做的事和所說的話，便是他平素爲人最可靠的暗示。

戴維斯是彭氏人壽保險公司的西部業務經理，他認爲自己能成功，是因爲善於遴選和訓練推銷員。他所雇用的推銷員，都是他留心觀察過的人，他在這些人毫無察覺時，暗中考察了一番。

司考托曾是賓夕法尼亞鐵路的總裁，他長時間觀察一位年輕電報員，後來選擇他擔任助理，這個人就是後來的「鋼鐵大王」卡內基。

這些人費盡心思去研究別人的性情，而對方還沒有覺察自己被人留意呢。在他們暗中考察別人時，十分愼重，儘量避免錯誤，才能作出正確的判斷。

「我認爲第一印象是不可靠的。」這是安德伍德待擔任伊立鐵路總裁時常說的一句話。第一印象裡常有許多不可靠的因素，我們常因此被欺騙。

從一個人的臉上可以看出不同的神情，不同的神情代表不同的情感，這種看法似乎沒錯，但是神情和情感的聯繫並不是一成不變的。金絲柏理教授說：「經過實驗證明，當一個人被別人注視時，如果他能鎮定從容，反過來凝視著注視者的眼睛，這個人一定是自信而堅強的。反之，如果在別人的注視下目光飄搖不定，那麼，這個人多屬軟弱怕事之流。」

一個經常微笑的人，帶給人的感覺多半是快樂開朗的。反之，一個人動輒發怒、咬牙切齒，這種表情、動作就會成爲一種習慣，面孔也就拉得長長的，就會被看成是爭強好鬥、性情惡劣的人。這些都是行爲上的特點，是一種長久運用的面部筋肉習慣，同樣也是一個人的性情品格的直接表現。

有些人瞬間就能對陌生人作出判斷，爲這種才能驕傲不已。但是一個眞正的領袖，在他評斷一個人時，卻非常的小心謹愼。

賓夕法尼亞鐵路總裁安托波萊，即使是對自己的下屬，也不敢貿然作出結論。他說：「就我個人而言，如果沒有預先和同事商量，我是不敢隨便提拔一個人負責鐵路事務的。因爲同事們對我要考察的人或許更爲了解。」像安托波萊這種人，善於以自己的眼睛，加上別人的觀察，務求對別人有客觀準確的評價。

領導者品評一個人，根據的是確定的證據，因爲只有這些根據，才能把這個人的性情和能力如實地反映出來。

給予考驗，揭示膽識

鐵路建築專家哈理曼在評估他的一個下屬，當時他擔任南太平洋的總裁，要考察的對象是總經理克魯茨尼。

好幾個星期以來，克魯茨尼接到了許多哈理曼發的電報，內容儘是詢問些瑣事。克魯茨尼說：「我和朋友們討論了這件事，推測哈理曼先生是想用這種方法來測驗我的性格、品德、能力，以及對工作細節的熟練程度。我聽說，他對人的態度非常兩極，要不就完全信賴，要不一點也不信任。如果此人不能被信任時，他會立即撤換這個人，換一個他能信賴的。」

由此可見，哈理曼就是用這些方法來考察他的下屬。克魯茨尼受到了哈理曼的器重，接替他出任南太平洋區的總裁。

賓夕法尼亞鐵路公司採用了許多考察人的方法，其中有一些方法極其有意思，安托波萊說：「我們常常會定期考察下屬。主管有時會利用休假的機會，考察他的助理處理問題的能力。富有希望的英才，接到上司的命令去完成指派的任務，便可能是事業上的一個轉捩點，至於結果如何，就要看他們的表現了。有些人經過這樣的考察後，得到了升遷的機會；也有些人被測試後，因爲能力有限，就永遠留在原來的崗位上。不過，無論是否順利晉升，他們都能從這種考察中得到啓發。」

前紐約中央鐵路總裁史密斯，常會就某一個他不怎麼滿意的結果徵詢別人的意見。史密斯說：「如果有人對此表示很滿意，那麼我便覺得這人不是什麼可用之材；如果他說，『我已盡力做了，可是我覺得還能做得更好』，對於這種人，我們就要給予全力的支援。」

彭尼商店的創立人彭尼，一年之中至少和五千名求職者面談，並據此寫了一篇論文。論文中談到：「察看一個人最好的時機，便是在他沒有提防的情況下，請他提出保證人。凡是心懷坦蕩的人，便會毫不猶豫地說出人選。反之，如果這個人躊躇不決、面露窘色，你大可思考一下這個人何以不敢馬上回答。事實證明，後者常常在工作中有著不愉快的經歷，而且他們知道這種經歷一定會爲新工作帶來不良影響。

「對於求職的人，我試驗的第一步，就是把條件說得一點也不動人。我直接告訴他工作時間很長、很苦，又極力強調在他開始工作時，薪水很低。不過，如果他一直做下去的話，將來可以合夥經營。如果這人眼光比較遠大，知道未來利益所在，願意爲合夥的目的付出代價，我就能看出來。他們會面帶微笑地說：『你嚇不倒我。我很樂意做你所說的工作！』對於這種人，我自然是歡迎他們的。如果他們在我所描繪的圖像前畏縮不前，就不是我們所需要的。」

領導者常留心這些細節，因爲這些細節恰恰能揭示出一個人的膽識和氣魄。

多方打聽，征服人心

豪斯上校在德國皇宮的陽臺上，和德皇威廉二世興致勃勃地談論著。距離他們十尺之外，一位大使和一位政治家等得都不耐煩了。威廉二世究竟和豪斯上校在談些什麼？什麼時候才會結束？

皇后派了一位皇子來打斷他們的交談，當皇子來到這兩人面前，他們正談得起勁。皇子看見父皇聚精會神的樣子，就默默地退走了。後來，皇后親自來到陽臺，但她也被熱絡的情景鎮住了，忽然猶豫起來，只得靜靜地離開了。

當時，德皇威廉二世像是被迷惑了一樣，他只想和豪斯上校講話，對其他的事完全不感興趣。

豪斯上校爲什麼如此受皇帝的青睞？原來，豪斯在前往德國之前，早就把德皇威廉二世的爲人仔細地調查了一番。

當豪斯上校還在美國的時候，就一心希望有機會和德皇會面。凡是關於德皇的書報，他從不放過，還遍訪熟知德皇的人，主動向他們請教。所以，他對於威廉二世的嗜好、習慣、愛憎、手腕、人格、信仰，以及他對政壇人物的好惡厭憎，豪斯幾乎都了然於胸。

關於威廉二世與眾不同的地方，例如他的特性、他的能力、他所需的事物、他的問題和偏見、他的特殊興致、他的事業和愛好，豪斯都很明瞭。威廉二世折服於豪斯的策略及人格，被豪斯征服了。

在密蘇里的某個小鎮上，有人向葛萊購買礦產。

當時年輕的葛萊，只是一個經營地產和債券的小鎮商人。整頓那些礦產花費了葛萊兩年的光陰，但他以四十萬元的價格把那些礦產賣掉了，比原來的價值高出了三十四萬。同時，在這次買賣的過程中，他認識了不少知名的商人和實業家，對他日後事業的發展有不少幫助。

葛萊拜訪了像哈理曼、希爾、亨廷頓等鐵路大王，在這些大亨中，有幾位之後都成爲他事業上的夥伴，也因而和三十家銀行有了商業往來。

葛萊是怎樣成就這些事業的呢？葛萊對他想結識的，或想打交道的每一個人，會從各種管道搜集這些人的資料，得知這些人的習慣、見解、特性、愛好。此外，這些人對時事的意見，他也都牢記在心。總之，在他和有意購買礦產的人會面時，他希望彼此的立場是一致的，並以他們樂意的條件談生意。

葛萊接二連三地說服了重要顧客，對於生意上的對手，他也都預先做過一番考察。後來，他成了許多大公司的領袖，每年做的生意額達到九位數（美金）之多。全世界的自動電話材料，有百分之八十是他提供的。

和不熟悉的人進行重要的會晤之前，事先蒐集資料，加以分析研究，便能從中獲益。

福爾是芝加哥一所頗具規模且發展神速的保險公司經理，當他走進一個員工的辦公室時，他會把辦公室和這個人的情形有系統地瀏覽一番：比如觀看牆上及桌上的照片，推測他的家庭、興趣和嗜好；他還會留意桌面上的擺設，推知他在公司的地位和他的工作方法；總之，任何小細節都不放過，爲的是把這人的品行、愛好以及習慣等，作一番詳實的評估。

還有一件最重要而又最容易做的事，就是對於我們朝夕相處的人，要詳細地研究一番。

鋼鐵大王施瓦布在鋼鐵世界居於領袖的地位，也不曾棄置好人不用。在談到施瓦布成功的秘訣時，斯托克布理奇說：「施瓦布有今天的成就，就在於他把下屬當作生活的一部分。」

在和一個不熟悉的人會面之前，最好先將這個人詳細研究一番，例如你透過和認識他的人交談、閱讀他的相關介紹，加深對他的印象和增進對他的了解。

品評人格，成功重要因素

莫羅因爲受到摩根賞識，一躍成爲商業鉅子，成了實力雄厚的摩根銀行大股東之一。據說摩根選擇莫羅承擔此重任，不只是因爲莫羅「在經濟界享有盛名」，還因爲他的「人格」。

范德利普在擔任紐約市銀行總裁時，他對自己要雇用的人，第一步考察的便是這個人的「人格」。吉菲德曾是領政府津貼的書記員，後來成爲美國電話電報公司的總經理，他認爲「人格」是成功的重要因素之一。

人格！這是一個奇妙的名詞！

沒有人能具體地說出人格是什麼，可是人格在一切事業裡極爲重要，這是毋庸贅言的。」

像摩根、范德利普、吉菲德這些人，他們認爲「人格」具有不可估量的價值，他們認爲一個人最大的財產，便是討人喜愛的個性和忠誠的品格。

施瓦布曾論及人格，他說：「在我們一生中，每天都在當推銷員。我們向日常接觸的人，推銷我們的思想、計劃、精力和熱誠。」他說過：「人格有一種不可言說之美，它之於人，猶如芬香之於花朵。」如果在與人交往的過程中，我們能把「不可言說的美」培植起來，就能擁有良好的人際關係。

如果我們待人接物圓融、得體，我們對人會有發自內心的興趣，自信心也相對地增強，散發具感染力的熱情。到了那時候，在人際交往中，我們不僅可以輕鬆地與他人相處，還能巧妙地照顧自己，多麼美妙！

我們對人的理解越深刻，就越能洞察別人的眞正需要和情感。亨利・福特說過：

「了解人性最好的方法，便是對人友善。」培養對人眞正的、眞誠的興趣，在與人交往時，我們的熱情自然會格外澎湃，這種熱情乃是人格美的源泉。

個人的人格魅力，是由於對人具有深厚的興趣和眞誠的喜愛表現出來的，對人的興趣增加，吸引人的能力也會隨之增強。

Tips

領導者最重要的功能是：要知道方向、找出重點、以及想出解決大問題的辦法。——台積電董事長張忠謀

讓人才爲你所用

爲了鼓勵員工的熱情、贏得他們的忠誠，應該和他們共享成果。表現傑出時，加以獎勵慰勉；發生過錯時，一起承擔責任。

用幽默籠絡人心

當我們和陌生人交談，或和熟人溝通新觀念時，常會爲了消除彼此之間的隔閡而感到困擾。

威爾遜當選新澤西州州長後，應邀參加「紐約南社」舉行的午宴，別人介紹他時，說他是「未來的美國總統」，自然是對他的一種抬舉。

威爾遜寒喧了幾句後，接著說：「我感覺自己在某一方面（我希望只是在這方面）類似一個故事裡的人物。我有個朋友和一群垂釣者到加拿大玩，其中一位先生喝了威士忌酒，結果喝得太多，後來搭火車時，把方向弄反了；本來他應該往北去，卻坐上了往南的火車。」

「他的夥伴們打電報給列車管理員：『請把那個叫約翰遜的小子送到往北的火車上來，他喝醉了。』」

「列車管理員隨即回電：『請再說一遍。車子裡有十三個人都不知道自己的姓名，也不知道要到哪去。』」

「我（威爾遜）雖然知道自己的名字，可是我不能和你們主席一樣，確實知道我的目的地在哪裡。」

聽眾哄堂大笑。威爾遜的目的，並不僅是博君一笑。實際上，他運用了「自我解嘲」的方式，來獲取人們對他的幫助，同時消除既有的嫌隙。

領導者接觸群眾時，故意打趣自己或批評自己，是很常見的事！這樣可以使群眾感到愉悅，還能讓他們覺得自己比較優越。

道斯擔任美國副總統時，他使用各種的策略努力擴張自己的個人權力，把副總統這種象徵性的工作，變成了舉足輕重的職務。他常用到的策略之一就是：「在演說時，提到當副總統的諸多趣事」，頗能吸引群眾。

芝加哥大學校長赫金斯，曾是一位傑出的執行官，他第一次在報紙發表談話時，卻提醒人們留心他的兩大特點，其一，作為一個三十歲的人，他所了解的事物何其的少；其二，他需要依賴助理（代理校長）的地方何其的多。這一番話確實幫了他不少忙，在他新事業的路途上，很多困難也因而化險為夷了。

眞正聰明能幹的人，眼光很高遠。他的目的在掌控旁人，擴展自己的影響力，方法之一，便是自己謙遜地退避一旁，讓旁人去表現。

開自己的玩笑或找自己的碴，能夠培養領袖風範，並可獲得別人的注意和好感，甚至可以解除仇敵的怨恨。

一個來自俄亥俄州名叫布勞德的人，在拜見林肯總統時，陷入了難堪的境地。

當他們兩人正在談話時，有一隊衛兵站在白宮前，等候林肯出來訓話。林肯請布勞德和他一起往外走，並親切地繼續和他交談。當他們走到迴廊時，衛兵們齊聲歡呼起來。這時，一名副官走到布勞德面前，囑咐他退後幾步。林肯馬上接著說：「布勞德先生，你得知道，他們怕分不出誰是總統呢。」

在那難堪的瞬間，林肯以善意的幽默挺身解圍。他拿自己開了個小小的玩笑，便化解了一個窘迫的局面。幽默的價值在於使人感到愉快，如同林肯一樣，許多領袖都以幽默見長，並成爲領導策略。

幽默同時也是一把雙面刃，可以逗人歡笑，也可以讓人發窘。智利大使弗萊徹只說了一句戲言，不但拉攏了一大群人，取得了外交上的勝利，也征服了一個輕視美國的人。

一位嫉妒弗萊徹的巴西大使把他帶到當地著名的俱樂部，向俱樂部的老闆介紹他，老闆毫無誠意地和他握手。另一個人則表示，他歡迎弗萊徹以私人身份到智利，而不願他以美國代表的身份來到這個國家。這個人不知道弗萊徹會說西班牙語，又操著西班牙語向他們說：「我對他國家的物品，即使是一條鞋帶都不願意買。」

弗萊徹剛開始時一言不發，但是，他的機會來了。他用西班牙語向眾人說道：「各位先生，我覺得我已經失敗了。這年頭，外交的主要目的就是改善兩國的貿易關係。但是我現在能做什麼呢？我到這裡的第一天，就看見鞋帶市場已毫無前景可言。」

那些人聽到弗萊徹用西班牙語說話，已經夠詫異了，加上他的妙語解頤，不由得大笑起來，然後熱烈地歡迎弗萊徹參與俱樂部裡的活動。

後來，那個曾經污蔑過美國的人，變成了美國最好的朋友與擁護者，同時，被聖地牙哥的富商們所控制的智利政府惟弗萊徹之命是從，沒多久就解決了雙方存在的分歧。

適當的幽默乃是最有效的武器，使人愉快自在，是緩和緊張局勢、籠絡感情的不二法門。

借重長才

商店經理貝克收到一封極具侮辱性的信。寫這封信的推銷員表示，他認爲貝克是個無用的經理，對他沒有一點好印象，也不覺得他値得尊敬，希望副理能夠代替他的職業。總之，這是一封言辭激烈、相當不敬的信。

然而更驚人的並不是這封信的內容，而是經理的態度。貝克讀了這封挑釁的信之後，就帶著信去找老闆納勃，也就是《考利歐周刊》的老總。貝克對納勃說：「你看我是一位多麼出色的經理啊！我帶出了這麼優秀的副手，連我雇用的推銷員都以爲他超越我了。」

讀了這封信，貝克竟然沒有一點嫉妒、沒有一絲惱怒，反而因爲副手是能幹的人才而感到驕傲。

就這樣，貝克「把碎磚變成了花球」。成功人士常會這樣做，對於聰明才智勝過自己的部屬，就用這個辦法拉攏和操縱。

眞正的大人物眼光甚遠，他們對結果的珍視，勝於滿足一己的虛榮。比如卡內基，當他談起已獲致成就時，總是歸功於周圍的人，認爲身旁的人都比自己聰明。

林肯在選擇閣員時，不僅對具有堅強意志、難於操縱的人感興趣，即使是向來看不起他的人，他也會根據他們的才能加以任用，甚至擔當重任。而且林肯十分清楚自己的弱點，他所錄用的人都能彌補他的短處。

至於庸人呢？以爲世上只有自己能把事情做好，不僅無法容忍難以駕馭的人，甚至不願意稍微下放權力，卻又抱怨找不到能幹的助手。

人們普遍認爲德國戰敗的原因，就是因爲威廉二世不希望任何人和他並駕齊驅。威廉二世所任用的都是在他面前卑躬屈膝的人——大戰之始，他的參謀部裡全屬此輩。因此，莫奇因爲缺乏道德勇氣，沒有將參謀總部原擬的進攻計劃貫徹到底，導致了覆敗的結果。

威廉二世的祖父威廉一世的作風恰恰相反。威廉一世和氣焰囂張、不可一世的宰相俾斯麥，多年來相安無事，因爲威廉一世倚重俾斯麥的能力，期許他將普魯士和分崩離析的德國統一起來，成爲世界強國。

戴克是明尼阿波利斯西北國家銀行的主席，談到人們成敗的原因時，他發表了有趣的議論：「我們知道，成功的人四周有許多可用之材，如果因爲害怕這些人推翻他並取而代之，就不敢重用這班人做得力助手，那麼他實在不配當領袖。在一個蓬勃向上的組織裡，許多重要的決議要讓職位較低的人員去執行，否則，難以建設健全偉大的事業。」

源自於發展事業的熱情，眞正的領袖很容易犧牲一己的虛榮心。因爲如此，常能發掘得力的助手以及能夠貢獻心力的友人。

大發明家和工藝家馬克西姆將上述的思想概括如下：「人們想從別人那裡獲得的事物，不外是讚揚和友愛。然而，立身處世，應該拋開讚揚，迎接友愛。因爲一旦陶醉於讚美之詞，就會引起別人的嫉妒，而嫉妒是仇恨之源，便遠離友愛了。」

分享榮耀

施瓦布說：「稱得上偉大的人，在於能把機會讓給別人。」

卡內基說：「如果每件事都要自己插手，並把一切榮譽都歸於自己的人，不能成就什麼大事業。」

哈理曼是著名的鐵路建築家，因爲他的傑出貢獻，加利福利亞大峽谷才沒有被洪水沖毀。如果有人當面問哈理曼，是誰控制了科羅拉多河並解除了大峽谷危機，他一定會回答：「是倫道夫、科理、欣德、克拉克以及所有的同事。」有趣的是，這幾位先生曾經公開地表示，促使他們力挽狂瀾、化解危難的原動力，是哈理曼百屈不撓的決心。

聖路易斯城執行官威爾金森曾對斯圖爾特說：「從前有一位執行官，和我一起開理事會時，總能提出一些創新的想法。他對這些創意非常自負，並不厭其煩地說服其他人採納。因爲這些意見大多很周全，所以我們採用了不少。這位執行官便因此不斷地製造輿論，好像一切都是他自己的功勞。」

「可是，不久之後我就發現，這些意見幾乎都是他從下屬那裡聽來的，但他對下屬從來沒有做過任何表示。他們知道事情的眞相都憤怒不已，他所主管的部門紀律原本非常好，因爲這些事而崩潰，結果弄得一團糟。」

「假使這個執行官告訴我們：『昨天，我聽到比爾．瓊斯的提議，我認爲那是個非常好的建議，向大家彙報一下，提請大會審議。我爲自己的下屬提出這麼實用的創見感到驕傲。』這樣就皆大歡喜了。」

馬森談到《生命》周刊的創始人和發行人米契爾時，下了這樣的評語：「他是個沒有虛榮心的人。他鼓勵公司裡每一個人，自己反而潛身幕後。當他過世之後，公司裡所有人都認爲自己有能力繼續出版這份刊物，並願意維持下去。」

眞正的領袖不但要對下屬敬重有加，一旦他們犯了過錯，還應主動替他們承擔責任。這一點，恐怕沒有人比得上南北戰爭時聯邦統帥李將軍了，他是舉世公認軍事將領中的佼佼者。軍事批評家們認爲，他的部下對他忠心耿耿，主要是因爲李將軍具有一種獨特的品行，就是敢於公開地把失敗的責任歸咎於自己。

在維吉利亞的早期戰爭中，因爲部將不服從他的命令，沒有適時地進攻，以致錯失了致勝的良機。但李將軍絕口不提此事，並在給總統戴維斯的信中寫道：「如果不是當時下了大雨，我們一定會獲勝。」因此，他遭到大眾狂風暴雨般的非難。

在蓋茨堡，朗斯特理德又因爲和李將軍意見不合，遲遲不發動攻擊，以致大敗而歸。可是，李將軍反而對部下及戴維斯說：「這全是我的錯誤，失敗的責任在我，不該把它推到軍隊身上。」

後來戰勝了李將軍的格蘭托，也採用了這一策略來對待部下。格蘭托的部下道奇說道：「他把自己應得的尊榮和名望，和旁人一起分享，在他手下任職的人，沒有一個不知道這一點。我還是個年輕小夥子時，他就賦予我許多軍權，爲我的資歷所不及。可是格蘭托將軍對於我，一直是多方鼓勵、獎勉有加。當我失敗了，他便承擔責任；如果我勝利了，他便設法升我的職。」

領袖對於他的部下都懷有一定的期許，無論是好事還是壞事，他都負起全部責任。就像寬容的家長，護衛「成長中的子女」不令他們遭受非難。

卡內基提起格蘭托時說：「我知道他在戰場上對他的部下頌揚不倦。他提及部下時，就好像父親談到自己的子女一般。」

爲了激發部下的熱情、贏得他們的忠誠，就應該和他們分享榮耀。在他們成功時，爲他們喝采；當他們犯錯時，替他們承擔責任。畢竟，要使自身獲得榮耀的最好辦法，就是先讓別人顯得光彩。

激發鬥志

在一個重要的官司中，前任陸軍司令貝克以克利夫蘭律師的身份，代表科克鎭巡迴法庭裡的麥考密克家族到芝加哥。

在那兒，他的策略博得了所有出席律師的一致讚賞，原因並不僅是他在法律上的嫻熟技巧，眞正的訣竅是他對付法庭中的中心人物——法官——時採用的策略。

貝克發覺這位威嚴的法官有點耳背。在此之前，許多聰明的律師之所以失敗，就是因爲他們把這位法官弄糊塗了。所以，貝克特意站在離法官很近的地方。

一位芝加哥名律師目睹了貝克在法庭上的辯論，他說：「通常面對這種案件，像貝克這樣有經驗的律師一定會引用許多法律論點，並援引若干不同的案件作爲佐證。不過，貝克在這位法官面前僅提出兩個論點，言簡意賅地闡明，只援引少數事例，並以同樣的論點作爲結語。法官頓時興致大發，對貝克所講的內容逐一聽了下去，並且完全領會。」

人因特性而異，聰明的領袖時時注意這些特性，思量著怎樣爲自己所用。

因爲某種選舉權的緣故，在克利夫蘭引發了一場激烈的爭論——這種選舉權，有利於爲公眾謀福利，所以市長約翰遜很願意授予，但一些懷私心的人認爲可能危及他們的利益，極力反對這一政策。

如果這個法案不能在那天晚上的議會會議上通過，就將永久失效。

關鍵時刻，傳來一則重要新聞：有人向高爾議員行賄。如果能勸誘高爾接受賄賂，然後在會議上向大家公佈，法案就能通過了。然而，有什麼辦法才能使高爾壯著膽子接受呢？

約翰遜對高爾說：「如果你是個膽小怕事的人，我會給你點建議；可是我知道你不是這樣的人，所以也無須替你出什麼主意了。」

約翰遜說道：「這幾句話果然很能激起他的虛榮心，他徵求了我的意見並表示除了坐牢以外，無論我叫他做什麼事他都願意。」

接下來，在會場裡就「上演了一幕話劇」。高爾在緊要關頭，把他收受的金條放在約翰遜的桌上，許多議員被這一「突發事件」震怒了，議會立即通過了這一法案，沒有人投反對票。

高爾議員爲什麼肯那樣做呢？因爲約翰遜清楚他的個性。像高爾這樣的人，只要受到別人的刺激，便會挺身而出。對付這種不諳世故的人，最穩妥的辦法，莫過於激將法了。容易受到鼓動的人，常有一種強烈不如人的恐懼，所以願意去做引人注目的事。

激將法只要用的是時候，幾乎每個人都會上鉤。如果當事人心存己不如人的恐懼，而且對於自己能否成功沒有多大把握，在這種情形之下，就可以用激將法鼓勵他嘗試了。

羅斯福有一次就上了激將法的當，這位「聖胡安山的英雄」剛從古巴回來，就被普拉特委任爲紐約州州長。想要把大膽的騎士羅斯福培養起來，在美國政治舞臺上一展身手。可是，普拉特和羅斯福很快就遇到了麻煩。羅斯福的對手打聽到他在擔任海軍秘書助理時，曾發誓不納稅。根據這一事實，他的對手指責他不是合法的公民。

普拉特回憶說：「就在這緊要關頭，羅斯福把我拉到一旁，以從未見過的驚慌對我說：『我不能再留在這裡奮鬥了，我不得不退出這場競爭了。』羅斯福退縮了，希望就此放棄。」

普拉特要羅斯福相信自己一定能夠撐過這個難關，他使出了絕招激勵羅斯福。

普拉特對他說：「難道聖胡安山的英雄，其實是個懦夫？」

他聽了這句話，立刻情緒激動地回答：「不！我絕不是一個懦夫！」

就這麼簡單的一句話，普拉特成功了。羅斯福接受了救援，最終成爲紐約州州長。

普拉特能夠這麼順利地勸服羅斯福，也是因爲了解他的性情。

知人善任

弗理克在他的早期事業中能掃除障礙，步入坦途，在於他不辭勞苦，並知人善任。

這位日後的鋼鐵大王——弗理克，在他三十歲前，已經開始向百萬富翁進軍了。他到麥克倫姆和卡萊爾大商場裡擔任推銷員，每周能掙上八美元。當時商場裡一共有二十名推銷員，人人都拼命地工作著，以求締造佳績。

弗理克是新進的員工，然而不久以後，他就在所有推銷員中名列前茅了。更難得的是，他還獲得那些不如他的人的友誼。

有一位名叫柏萊爾的推銷員，頗得其他人的讚許，他不但「長時間以來被公認爲推銷員中的領袖」，而且享有「爲上等客人服務的權力」，而這樣的特權是其他推銷員「拱手奉上的」。

弗理克想要打倒的，就是這個人的特權！可是他想做到既能達成目的，又不爲自己樹敵。弗理克細衡量一番後，看準了柏萊爾是一個極富虛榮心的人，就像孔雀一般。弗理克斷定柏萊爾所企求的，就是讓別人知道他有多了不起。

雖然弗理克的勝利會使柏萊爾感到「苦悶心酸」，好些時候「很不自在」，但是弗理克能體會到柏萊爾的感覺，便經常使用一些圓滑、溫和的手段去安慰他。不久，他就贏得了柏萊爾的好感，並且贏得了所有推銷員的一致愛戴。

我們看到一個諳於世故的人，是怎樣處世的。假如他魯莽地和柏萊爾周旋，結果必定是完全不同的吧！

虛榮的人總樂於追求片刻的光榮。他們睥睨一切、擺臭架子，無非是想提高「自我」。只要我們周到地照顧他那「高貴」的虛榮心，那他就算吃點虧也不在乎。這種害怕己不如人的觀念，在他們心裡已經根深蒂固了，以致絲毫不能抗拒別人的頌揚和諂媚。

一位想找工作的推銷員在赫金生公司芝加哥辦事處主任施韋普面前，等候發落。這位推銷員經常變換職業，而且，他總有一些理由爲自己的行爲辯護。

施韋普坐在他狹小辦公室裡，以冷酷、毫不留情的態度對青年說：「對於赫金生公司，你能貢獻些什麼呢？」這個推銷員立刻被嚇壞了，他的回答顯得軟弱無力。談話很快就結束了，這位推銷員乘興而來，敗興而去。

原本這位青年泰然自若，說話十分動人，也很值得嘉許，然而一碰到眞正的困難，那些動聽的話馬上就不攻自破了。施韋普對他能否成爲稱職的推銷員表示懷疑，於是考驗了他一下。

我們都知道，有些人和這位推銷員非常相似。他們總有一種強烈己不如人的感覺，並努力去用一種虛假的高傲把自卑感僞裝起來，讓人們摸不清底細。這種人往往非常自信，講起話來頭頭是道、妙語如珠，能讓別人留下深刻的印象。當事情順利的時候，他們士氣高昂，頗能博取大家的敬仰和頌揚，尤其能迷惑那些不怎麼熟悉他們的人。但是，一碰到困難，他們很快就土崩瓦解了。

參議院員卡曾斯是福特汽車的股東，有一次談到自己在用人方面鑄成的大錯，他所任用的那個人顯然就屬於上述之流。

卡曾斯說：「我生平最大的失敗是碰到了一個善於辭令的人，不知是怎麼回事，我徹底遺忘了所有的原則，竟然受他的指揮，可是這個人其實一點都不行。他雖然口才流利，但是，一旦到了某個職位，便一籌莫展了。」

有一位推銷員，在事業上處處碰壁，幾乎走投無路，幸運的是，他得到聖路易斯大百貨商店的老闆威金生的指點，成了一名出色的執事。這要歸功於威金生犀利的眼光，能洞察別人問題的根源。

這位推銷員差點被辭退，因爲他「一直和顧客及同事作對」。威金生知道這個年輕人心懷怨懟，因爲大家不怎麼喜歡他，威金生又發現他其實很「渴望成功」。

威金生說：「有天晚上我走到絲綢部，約有一丈四尺的存貨，我就教導他怎樣去佈置櫃檯，同時談了些推銷員的才能和技術，讓他了解我是信任他的。」

第二天早晨，威金生不經意地走到櫃檯前面，提醒絲綢部的經理注意推銷員對存貨的細心佈置，並鄭重其事地表揚了他。

威金生接著說：「這點小小的技巧，對他日後的發展起了難以估量的積極意義。絲綢部裡每一個人對他的態度都改變了，給了他重新開始的勇氣。」

不久，這位差一點就失敗的推銷員，一躍成爲該部門的領袖。

威金生知道這位推銷員習於和人作對的原因，是因爲有一種己不如人的感覺，於是，高傲冷峻、好與人爭，就成了自我補償的辦法。威金生表示對他的信任，給了他一次表現的機會，喚起了他的自信心。因此，改變了他盛氣淩人的姿態。

凡是高傲自負、惹人厭惡的人，總會想獲得某種補償。對付這種人的最好辦法並不是對他無禮，而是讚美他、鼓勵他。

慧眼識人

胡佛二十一歲之前，一直在礦井裡工作。後來，他找到了一份工作，幫一位工程師打字，這位工程師就是當時西部最大的礦業工程師——聖弗朗西斯哥的賈寧。

此時，胡佛正在查找一些重要文件。他所查找的文件裡談及到的那塊礦區，他很熟悉，他曾經實地測量過，而結果一直都沒有公開。忽然胡佛停了下來。文件中記錄的情況完全錯了，他所查到的內容純屬子虛烏有。胡佛把他認爲正確的意見告訴了賈寧。

賈寧起先很惱怒，他的打字員居然有異議，但他還是讓胡佛仔細說明原因。賈寧聽著聽著，興趣便把怒氣趕走了，不但如此，他和胡佛仔細商量對策，所有文件都按照胡佛的意見作了修改。

指正錯誤的胡佛，從此不再從事每個月只有四十五元工資的打字工作，他被派到各地去調查礦產。兩年後，胡佛被任命爲澳洲一家重要礦產公司的總工程師，賈寧很放心地把這一重要職位委派給他。

胡佛能夠脫穎而出，是因爲他仔細衡量過這位老闆，知道他很樂意接受別人的批評，即使是下屬提出來的。

弗呂霍夫是城市服務公司的前任經理，他衡量一個人的特性，是觀察這個人擁有自己的主張，還是依賴別人的想法。對此他作出了敏銳的品評：「一位代表我們公司的人問道：『先生，你認爲這樣做可行嗎？』他是在尋求我的指示。另一個人說：『我建議我們可以如此做！』你可以根據這兩個人的態度，看出許多情形。」

弗呂霍夫很留心一個人的果斷程度，因爲果斷能培養責任心。

「並不是所有人都適合承擔重責大任、作出重要決策的職位。有些人是非常稱職的員工，只要有人從旁指導，他們就是理想的人才。可是，他們缺乏創造力和勇氣，雖然能幹、忠實，卻當不了領袖。」

事實確實如此，大多數人在重大責任面前，不免往後退縮。一個意志堅強、奮勇向前的人能夠享受克服困難後的快樂，所以能愉快地接受挑戰，把新的責任加在自己身上，並且在成就中體驗到權力的意味，以維持他的「自尊」。久而久之，就養成了追求成功的習慣了。

如何確實地衡量一個人，就是依照人們的品德和能力，採用各種不同的手腕去應付他們。

Tips

人生成功的秘訣，在於你能駕馭你四周的群衆。——前美國總統雷根

使人才樂於其事

有效贏得人心的方法，就是表示你對他們的切身問題有高度的同情。對於下屬，這一點尤其重要。要讓他們清楚地知道，他們的幸福和成就是你最關心的事。

以身作則

一名士兵正和他的女友結伴同行，伍特將軍開車迎面而來，這名士兵沒有向他的長官敬禮，反而裝作沒看見，蹲下身繫鞋帶。伍特將軍會嚴厲地責備這個目中無人的新兵嗎？不，伍特將軍絕不會這樣做，他自有他的帶兵之術。

伍特將軍停了車，把士兵叫到自己面前，問道：「你真的沒看到我嗎？」

士兵囁嚅地說：「看見了，長官。」

「你不想敬禮，所以假裝繫鞋帶，是吧？」將軍接著說。

士兵只得硬著頭皮承認了。

「現在我告訴你，假如我是你，我會怎麼辦。」將軍說，「我肯定會對我的女友說，『等一下，讓這個老頭兒給我敬個禮！』知道嗎？」

士兵敬了個禮，勉強笑著說，「是的，長官。」伍特將軍嚴肅地回禮，然後驅車而去。

伍特將軍以自我解嘲的方式，告訴士兵們可以強制這個「老頭兒」回禮，只要他們自己先敬禮。就像其他偉大的領袖一樣，伍特將軍獲得士兵的愛戴和合作，因爲他把每一個人都當作是整個部隊不可缺少的一份子。

泰勒是效率工作制的創始人，他讓下屬相信，他們所做的事是重要的，對整個大局的發展有著舉足輕重的意義。

伏克蘭說過，一個普通人，很容易就被指揮，只要能得到他的敬仰，同時你也要對於他的某些才能表示相當的欽佩。

湯普森公司的總經理斯登萊・雷蘇，常常把年輕的雇員介紹給名人，讓他們內心湧起激動和熱情，爲他們的工作感到驕傲。

授予頭銜，鼓舞士氣

斯坦梅茨，通用電器公司的怪人，他有兩個頭銜，一個是職務上的，通用電器公司的顧問兼工程師；一個是非職務上的，「最高法庭」，這是下屬對他的尊稱。

頭銜是一種公開的讚譽方式，最能打動人心，很少人能眞正抗拒這種誘惑。頭銜能刺激人，鼓勵人們更努力工作。

美國勞工協會的締造者塞謬爾·岡珀斯，在剛開始倡導工會組織時，感到十分艱難。當時工人們大部分都是毫無組織的，而他既缺乏資金，又得不到足夠的幫助。

他靈機一動想出了一個計劃，他發明了「民間委任狀」，授予願意組織工會的人一個榮譽稱號。一年之中，以這種方式被委任的就有八十人之多，美國勞工協會會員的數目因此激增。

拿破崙非常清楚頭銜的價值，明瞭人們迫切地渴望這種極具誘惑力的東西。為了使擁護他的人都能服從於他新創的帝位之下，拿破崙對封賞毫不吝惜，創立許多頭銜、封賜不少榮譽。他制定了一種榮譽勳章，並且立刻將一千五百個以上的十字勳章授予臣民；他重新啓用了法蘭西陸軍上將的官銜，將這一高位封給了十八位將官；同時授予優異的士兵「大軍」的光榮頭銜。

頭銜儘管是虛的，但仍然具有特殊的功效。芝加哥律師埃默理・斯托爾斯，曾要求成爲內閣成員，對總統阿瑟來說，確實是一個很棘手的問題。這個人是不可冒犯的實權政治家，但卻不是能委以重任的人才。後來，阿瑟給了他一個「外交考察專員」的頭銜，這是個尊榮有加，實際上卻無事可做的職務。帶著這個光榮的頭銜，斯托爾斯得意洋洋地到歐洲「考察」了。

來自美國的打雜工哈雷・哥登・塞爾弗理奇，後來成了英國大商店的老闆。他常常稱推銷員爲「公司的一員」，而不是按照英國當地的慣例，直接叫他們推銷員。塞爾弗理奇表示，採用這種方法，可以增加員工對工作的興趣，效果非常明顯。

很多實業界的巨頭們，都爲他們得力的下屬設立了頭銜和榮譽稱號。例如施瓦布創立了「伯利恆鋼鐵公司鑽石十字勳章」，授給有功於公司的助理們。在伯利恆鋼鐵公司裡，差不多一百多人都是施瓦布的勳章公會的會員。「鑽石十字勳章」被公認爲是業績優異的標準，長期以來，公司成員夢寐以求，而獲得勳章者則以此爲榮。

同甘共苦

有一天，一位紐約電話公司的職員，出神地站在四十二街和百老匯路的轉角處。他看到一個衣裝整潔的人，從街中心的地洞裡鑽了出來。

這個人就是伯奇·福勒克，貝爾電話公司的老闆。在這個寒冷的夜晚，福勒克在回家的路上，因爲公司的事務而鑽進了地洞裡。

福勒克的公司遇到了什麼危急的事情嗎？還是被什麼嚴重的難題困擾著？都不是。他想起了兩個接線工人，正在洞裡努力地工作著。於是他決定和他們話幾句家常，幫他們打氣。福勒克時常會帶著友善的神情，去探望在他手下工作的人員，這是他表示重視員工的一種方法。

如果管理者或員工經常被忽視，漸漸地就會覺得他們所做的工作不怎麼重要。不知不覺間，他們的自尊心就會受到嚴重的傷害，接下來的結果就很可能是工作興趣銳減。幾乎所有的人，只有在被人注視，或者覺得有人在注視時，才能有較爲出色的表現。

倘使老闆能定時探望正在工作的下屬，並能讓他們覺得這種關懷對他們來說，是非常愉悅的事，他就是在運用最有效果的管理術。

楊・雅各也喜歡用友好的態度對下屬進行一些非正式的探望，他常常滿面春風地踱進員工的辦公室，輕鬆地聊上幾句，或就生活上的小事提出有益的建議。他的作法讓許多職員留下了非常好的印象，並為工作環境帶來溫馨的氣息和持續的熱誠。

要獲得下屬們的忠誠和信任，贏得他們的好感，應該讓他們對於自己所從事的工作感到自豪。並且對他們本人和所從事的工作，表示出眞切的關懷與他們建立一種友好的情誼。

通情達理

通用電器公司的新任總經理傑勒德・斯沃普曾對歐文・楊說過這樣的話：「讓我印象最深刻的是，你把別人的問題當作自己問題的氣度。當你對我堅持要做的事情提出建議時，我會覺得你對這件事所抱持的興趣和我一樣濃厚。」

同時，公司另一位副總戴維斯也對歐文・楊作出這樣的評價：「你之所以會得到提拔，有很多原因，不過最重要的是你對別人眞誠無比的關懷。公司裡的每個人都覺得你和他們能夠互相理解，彼此之間十分融洽。」

「把別人的問題當作自己問題的氣度」，這是多麼關鍵啊！我們通常能理解並同情別人，可是卻不能把我們的同情和理解清楚地傳達出來。

那些能幹的人，在與他們想要共同合作的人交往時，常常會很明顯地表露出他們的同情心。歐文．楊說，「我們應該仔細地了解別人的想法，當我們代替他們敘述時，甚至比他們自己表達的都要明確些。」這是獲得善意和忠誠的方法。

《芝加哥日報》總裁沃爾特．斯特朗，講述了《芝加哥日報》所有者維克托．勞森的逸事。

在當時的新聞界，縱情飲酒是很常見的事。但勞森卻是極端的禁酒者，他是酒最嚴厲的仇敵。勞森的一名重要助手，因病請假長達六個月之久。當這名助手終於返回單位工作，勞森發現辦公室裡到處流傳著許多他的流言蜚語。有人說他是一個酒鬼，因為酗酒才生病的。

這名助手懷疑這些流言是一個暗地裡想奪他職位的人散佈的。對於這位剛剛離開病榻的人，這種歡迎的方式無疑有點殘酷。他確實喝酒，但事實也僅僅於此，而且他也非常清楚勞森一貫主張禁酒的要求。

最後，他決定請勞森共進午餐，藉此機會向他解釋一下。他想把這些流言蜚語向勞森重述一遍，並且向他解釋自己雖然喝酒，但並沒有到被酒控制的地步。當他訴苦時，勞森卻一語不發。他覺得有點尷尬，顯得侷促不安。

勞森注意到了這一點，於是對他說：「說完了嗎？」接著勞森請侍者拿一瓶香檳酒和兩個酒杯過來。等酒斟滿時，勞森舉杯向他的助手說：「來，約翰，祝你健康。」

爲了向下屬表示他的理解和信任，這位有著鋼鐵般堅強意志的人，不惜違反他堅守的信條。

能者居之

馬歇爾・菲爾德，芝加哥商人之王。有一天，他被一個在批發部打包的小夥子攔下來。這個少年渴望得到一份更有發展性的工作，他曾經向他的直屬上司提出申請，但連續三次都被拒絕。於是，他決定直接請求菲爾德。

「你爲什麼不提拔這個小夥子？」菲爾德詢問少年的上司，也就是棉紡部的經理。

「我不願意放他走，」經理答道，「我手下那些打包工人，一個個都很差勁。塞爾弗理奇是這裡最出色的，我想把他留在這兒，繼續做下去。」得知事情的原委後，菲爾德明確地告訴那位經理，這種想法絕對是錯誤的。應該要給這個優秀的小夥子哈雷・哥登・塞爾弗理奇一個升遷的機會。

由於表現優異，塞爾弗理奇在不到三十歲時，就成了這家商店的股東。之後，他創建了舉世聞名的倫敦塞爾弗理奇百貨有限公司。

那位曾經三次對塞爾弗理奇說「不」的經理，三十年後，依然在原來那個無關緊要的職務上待著。而菲爾德留給後人的，卻是美國最偉大的商業組織之一。

菲爾德提拔塞爾弗理奇，部分原因是他樂意獎勵有上進心的孩子。除此之外，還有更深層的因素，這是菲爾德的一種策略，他以此來向下屬表明，他把員工的發展看得比自己的業務還重要。

「小人」會爲了他自己的利益而阻止屬下的升遷。更有甚者，有些「小人」還會想方設法壓制下屬，因爲他們害怕下屬升遷後，不但失去了得力的幫手，還可能威脅自己的地位。

但是，有領袖風範的人卻會幫助那些積極上進的人，他們非常願意提拔這些人，只要他們有眞本領，就可以當之無愧地擔任較高的職位，而正是這樣的員工造就了他們的成功。

鮑德溫機車公司董事長伏克蘭曾說：「當一個人能因遷調而改善他自己的狀況時，我一定會向他道別，並預祝他好運。」

阿穆爾公司的創辦人阿穆爾，發掘、提拔並訓練過許多職員，這些人在另謀他職時，都帶著他的祝福離去。

Tips

人就需要有人味的溝通：大家需要親自見到他們的領導人，親耳聽到領導人說出什麼是重要的、對他們有什麼意義等。——惠普總裁菲奧莉納

第5篇

知己知彼　克敵制勝

人類所有的力量，只是耐心加上時間的混合。所謂強者，是既有意志又能等待時機的人。

——巴爾札克

先聲奪人，取得優勢

人類所有的力量，只是耐心加上時間的混合。所謂強者是既有意志，又能等待時機的人。

請君入甕

弗利西根是一位地產商。唐納利父子公司的經理唐納利曾請他幫忙買一塊地，並在價格上作出限制。這份地產一共有八塊地，分屬八位業主。

於是，弗利西根先去買到了這幾塊地的定買權。業主們要的價格比唐納利願意支付的價格多出兩倍，第一次開價時，弗利西根並沒有和他們討價還價，反而很爽快地接受了，直到把八塊地都買下來。

接著他請八位業主到他的芝加哥信託公司，對他們說，他們所開的地價實在是太可笑了。弗利西根提醒他們：這也許是他們出售地產的惟一機會了，他又告訴他們公司對這些地皮能提供的總價格，希望他們自己去分配。

就這樣，幾乎沒有一點麻煩、沒有絲毫耽誤，弗利西根就辦妥了一件很棘手的事。剛開始的時候，他對每一位業主都抱定了一個原則：竭力避免他們的異議，當務之急是先與他們接近，得到他們的應允。爲了順利進行之後的交涉，他與八位業主分別談判，使他們都能接受他的條件。

奧弗斯特理特所著的《有影響力的人類行爲》一書，很生動地記述了這一方法，他把這方法叫作「獵唯術」。他說：「我們得到對方的『是』愈多，我們愈能夠爭取主動。無論推銷商品，或是在其他需要說服別人的情況下，都是很靈驗的法則。」

在這本書裡，奧弗斯特理特說了一個書商的故事，說明這種「獵唯術」。摘錄如下：

一位童書推銷員走上階石，從一扇半開著的門裡，看見了屋子裡的女主人。如果他不具有說話技巧的話，他就會直截了當地問：「你不想幫孩子們買一套有趣的故事書嗎？」

「不要！」她肯定會這樣回答，然後，「砰！」的一聲把門關上。

然而，這名聰明的推銷員是這樣說的：「太太，你不是有一位少爺和一位小姐在中心小學念書嗎？」

「哦，是的。」

好！這就行了，他已經不知不覺地接近她了。雖然未必能夠做成這筆生意，至少已經有了一個好的開始。

倘若我們開始與人交涉時，不能得到對方的一句「是的」，此時，最好的策略就是千方百計地讓對方不要把「不是」說出來。

先發制人

胡佛也曾用過類似的手段使勞合．喬治採納了一個重要的建議，一個關於比利時的財政計劃。

事情的開始是這樣的，勞合．喬治讀了胡佛的備忘錄之後，認爲這一建議並不適合，就把胡佛請了過來，想把意見轉告他。

胡佛早就猜到了喬治可能採取的態度，不等喬治開口，胡佛已經很仔細地解釋了他的想法，他的動機是什麼，爲什麼這個計劃是必要的，如何才能實行。他滔滔不絕地說著，不容許喬治打斷。胡佛很懂得什麼時候應該說話，什麼時候應該沈默。他知道，這一次應該是他說，而讓勞合．喬治傾聽。

就在胡佛連續不斷地陳述時，勞合．喬治已經改變了他的主張。等胡佛說完後，喬志靜靜地坐了許久，才緩緩地說道：「我原本想對你說這件事行不通，但現在我覺得可以辦，而且顯然應該辦。所以，我馬上準備一些必要的措施。」

胡佛了解不可能從喬治嘴裡聽到一句「是的」，於是趕忙採取了第二個對策：阻止他說出一句「不是」來。

不過，在一般情況下，是沒有必要用這種比較強硬的手段的。在事情剛開始時，要得到對方說一句「是」，其實並不是一件難事。在處理這種事情的時候，最主要的是要把自己置於「是的」這一情景之中，心底裡牢記對方可能採取的反對意見，同時牢記對方的觀點。

美國推銷員協會的創辦人喬治．霍普金斯曾說，優秀的推銷員通常是很有感情的人，而且他的特長是能斷定顧客有無意願買他的產品。當他覺得顧客肯定會購買時，他就一定能做成這筆生意。

地產商威廉．哈蒙說：「最好的銷貨員總是以肯定的說法去開拓前程，譬如說，我想賣出一塊地，我肯定會準備好所有相關資料，包括這塊地的價值、關於置備房產的重要性，以及付款的方式，然後才去拜訪客戶。」

「等我一見到客戶，我就對他說：『嗨！史密斯，你很想買一塊地吧！現在，你可以購置這一件你們夢寐以求的東西了。』」

「接下來，我就從他與他太太的立場來闡述買下這塊地的好處。最後，我只需請他在空白的申請書上簽字就行了。」

「但是，假如我對他說：『史密斯，你連一塊地都買不起嗎？』他肯定會這樣回答：『我就是買不起。』免不了要爆發一場爭論了。如果說他買不起，他就會堅持他買不起。這樣的結果就是，你只有百分之五十成交的機會。」

倘若要讓別人聽從你的意見去做事，就必須在一開始的時候就獲得他的首肯。在交涉時儘量讓他說「是」，而不要讓他表示否定。

Tips

「No」是一件很負面的事情，世界上沒有不可能的事情，卻有困難的事情，而困難的事情也只是「Yes but No」，我認為沒有任何事情是沒有希望的。——美商安泰人壽總經理潘燊昌

讓反對者變支持者

當任何人說「是的」，或內心表示贊同的時候，就已經被牽引著接近我們了；但當他回答「不是」，或覺得不以爲然的時候，情況就完全相反了。

感同身受

站在櫃檯邊的老先生暴怒不已，這時，紐約電話公司的青年調查員布魯默站在一旁，沒有多說什麼。但是，布魯默後來成了西部電力公司經理，因爲這位老先生的怨言，讓他發現了一個實用的策略。

原來，這名怒氣衝天的老先生曾經寄了一封「藍信」，也就是對電話公司的服務表示不滿、措辭嚴厲的投訴信。所以，公司特地派布魯默來調查情況，解決問題。

布魯默說：「一聽到我是電話公司的調查員，他的臉色就像那封信一樣藍了。」

布魯默的任務就是要平息這位老先生像火山爆發一樣的怒氣，他無意中發現了一個好方法。布魯默說：「突然之間，我決定一句話也不說，讓他盡情地發洩，我就在旁邊靜靜地聽著。終於，他的牢騷發完了，我才接著說了幾句比較動聽的話。他拍了拍我的肩膀說道：『小夥子，雖然我很不喜歡那混賬的電話公司，不過你還眞不錯。』

「我對他說：『謝謝你，可是如果你不表示滿意電話公司的服務，我就不能夠回去。』他說，『好吧，我答應你，以後不再寫信投訴你們公司了。這樣可以了吧？』

「他後來還眞的信守諾言。從這一事件中我學到了一個很重要的教訓：當一個人發怒時，就儘量讓他發洩。通常，十有八九的人都會誇大自己的憤怒，人們在受了委屈後，往往會產生一種幻覺。實際上是一種虛榮心在作祟，不是那些人的自尊心受了委屈，就是他們想藉由憤怒顯示自己的威風。」

不管發怒的人說的話多麼兇狠、多麼愚蠢，惟一能使他們平靜下來的辦法，就是像布魯默那樣：靜靜地聽著，讓他說個夠，表示我們願意了解他的觀點。即使我們不能完全同意他，也能表現出我們理解他。

幾乎所有人都不肯輕易認錯，因此，要讓別人承認錯誤，就得費上許多時間。如果我們一開始就想證明他們的想法是不可行的，就是刺激他們堅持自己的頑固之舉。但是，如果我們一開始就表示了尊重他們的看法、同情他們的處境，便很容易使他們遷就我們的意見。

博登和巴瑟在他們合著的書中說：「優秀的推銷員，必須根據他預料的反對意見來調整自己的言辭，這樣會比原來準備的說法更有力得多。」有了這種本事，我們不但能取得別人的信任，還能探聽他們的意圖，減弱對方的反擊力度。如果他是一個固執的傢伙，這一方法特別有用。更重要的一點是，我們還可爭取時間思索應對之策。

被稱爲紐約電氣事業的「沙皇」的菲德舒茲是官方的勞工糾紛仲裁員，他自述怎樣應付職工們的憤懣和訴苦：「召集爭執不下的雙方之後，我發現，他們所渴望的都是同情。所謂同情，是承認他的辯解有傾聽的價值。如果別人得到了他的山羊，那麼就替他所失去的山羊說上兩句惋惜的話。」

「無論是私下的調解還是合法的仲裁手續，我的一貫態度都是傾聽。我鼓勵雙方都把胸中想一吐爲快的話說出來。我從來不禁止別人表達意見，不管說得對是不對。我也從來不打斷談話，不論與正題有沒有關係。」

「這確實很重要，不但給雙方一個公平、對等的地位，還能讓他們覺得獲得公正的處置。到了調解快結束時，我總會問雙方還有沒有話要說，不等他們承認糾紛已經解決了，我早已準備好裁決了。」

有苦要訴的人都特別需要「同情」，善於統治的人看透了這一點，常常對那些有不滿情緒的下屬表示深切的了解，使他們覺得他是可以親近的。

戈瑟爾斯將軍在開鑿巴拿馬運河時，設立了著名的「星期日法庭」，曾被稱爲「行政界的一大打擊」，因爲在他管理下的三萬餘人，都可以盡情地發洩不滿。

薩姆爾・伏克蘭在出任鮑德溫機車公司總經理時，也認爲他主要的任務就是「容忍職工心中的不平」，使自己「對每一名員工都顯得和藹可親」。

紐約保證信託公司董事長薩賓曾說：「我辦公室的門爲每一位公司員工敞開。」國家銀器公司經理巴林求也表示過同樣的看法，他說他總會空出時間接待任何一位來訪的職員，即使要暫停自己正在處理的重要事務也在所不惜。

英國出版家諾斯克利夫爵士，爲了讓每一位有所申訴的職員能立刻見到他，不但在辦公室和住家規定了接待職工的固定時間，還宣稱所有申訴的信件都會由他本人或信任的秘書拆看。當來信很多時，他總是儘量先看下屬寄來的信。

領袖們願意聽取下屬的申訴，往往能平息許多人心中那些敏感、誇大的憤怒，正所謂「不戰而屈人之兵」。

有領袖才能的人常常能預料，並事先阻止可能的申訴及反對意見。但是，當這些事情確實發生了之後，他們採取的策略就是耐心地傾聽對方訴說，向對方表示他能夠理解，並充分尊重他們的意見。

出其不意

知名的礦務工程師海・約翰・斯・哈蒙德，當年，施展了一個小小的策略，因而獲得了他的第一份工作。

提供工作的參議員是一個脾氣執拗、崇尚實驗的人，他向來不信任那些文質彬彬，只會一味講理論的礦務工程師。

那位粗獷無禮的參議員對哈蒙德說：「我對你不滿意的原因，是因爲你曾在弗萊堡待過一段時間，你的腦袋裡一定裝滿了傻裡傻氣的理論，我可不需要文謅謅的工程師。」

哈蒙德馬上就接著說：「如果你答應不告訴我父親，我想跟你說一個秘密。」

參議員答應了他。哈蒙德便說：「其實，我在德國什麼東西也沒有學到！」

於是，那位參議員立即就與他約定：「好吧！你明天就來上班吧！」

哈蒙德應用了一個很普遍的策略，就是被許多商人稱爲「小讓步律」的原則。對於某些反對意見，我們必須先主動地做一些讓步，才控制得了，也就是「退一步海闊天空」。

每當爭論發生時，敏銳的人總會立刻在心裡盤算：在這一點上稍微讓步，是不是無傷大雅呢？

電氣總公司董事會主席歐文・楊聽說一個年輕職員心懷怨懟，這個年輕人曾經成功地完成一件工作，但他覺得自己並沒有因此得到更多信任，他認爲所有榮譽都被楊一個人掠去了。楊只是簡單地讓了一步，他寫了一封信給那個年輕人，他這樣寫道：「當我們年輕的時候，常常覺得所做的工作不能得到別人完全認同，隨著年齡慢慢增長，我們才發現，其實是我們受到別人過分的信任了。」

美國著名的顧問李・艾維是一位極其有見地的人，查爾斯・施瓦布、石油大王洛克斐勒，以及許多大名鼎鼎的人物常會就一些重大決策向他諮詢。他也曾妥善地處理了一個非常爲難的事件。

當時，李・艾維正在英國，邀請著名的阿斯特夫人出席阿斯特利亞賓館的奠基典禮。

「非常抱歉，」阿斯特夫人說：「恕難從命。你之所以邀請我，不過就是想替那家賓館做廣告罷了。」

「的確如此。」李・艾維的回答著實讓她大吃一驚。

但是，艾維接著說：「可是，妳自己不也會有所收穫嗎？你可以藉此接近更多的群眾。」艾維表示這個典禮將會透過收音機向全國廣播，而且，艾維向她表明並不需要她發表演說，只要到場就行了。之後他又再三表達了誠意，最終，阿斯特夫人愉快地接受了邀請。

從此事中我們不難看到，李・艾維這種方法的眞正效力，在於他一開始出人意料地坦白承認，在這一點上他作出了讓步，隨後他再迎合她的意志去勸說，最後，他終於勝利了。

斯彭德把戰時英國首相勞合・喬治的「圓融勸誘術」做了如下的解釋：「他常常在別人以爲會失敗的時候反敗爲勝，因爲他懂得在什麼時候犧牲一點小枝節，去贏得全面的勝利。」

有的時候，不妨故意安排一些無傷大局的枝節，讓對方提出反對意見，而我們就順勢讓一步。正是出於這一目的，一名芝加哥廣告商故意在一隻貓的項頸上畫了個可笑的紅圈。

廣告主一見到這幅畫，就咆哮說：「把那紅圈去掉！」這位廣告商一聲不響地依照他的意思做了。在這之後，廣告主也沒再挑剔什麼了。這可是他生平第一次這麼快地認可了一則廣告，而沒有提出其他苛刻的要求。

所以，無論什麼時候，在小地方稍微讓步，在大地方就容易如我們所願了。

以退為進

羅斯福當選美國總統後，亨利．弗萊邱決定到華盛頓拜會他。

弗萊邱描述在白宮與羅斯福見面的情形：「我的那位老朋友站在那裡，向我微笑，他的神情正如從前在聖地牙哥一樣。他把手臂搭在我的肩膀上，說道：『哦，你需要些什麼？』」

「當他問完這句話，便放聲大笑。但是，我想他的笑聲也許是在掩飾一些前嫌。我並不是那些急於嘗試政治生活的騎士們……所以，我也笑著說我並不要什麼。」

「他好像放心了很多，說：『不可能！你是那一班人中惟一的人才了。別的人不是做了官就是進了監獄。』」

「我的到訪讓他很滿意，我知道當時如果我提出要求，立刻可以得到一份工作。但是我想，如果我不開口請他幫忙就告退的話，我與羅斯福的關係一定會更好，因此我就此告辭了。回到了錢伯斯堡，身上還帶了一本西班牙字典，開始爲今後的外交職務準備了。」

「大約一年後，我從報上讀到了一則消息，政府準備派遣第一名美國大使到古巴去。我的機會來了。因爲我熟悉古巴，又懂西班牙文，而且我早已表示過對那個地方很熟悉。具備了這些條件，其餘的事就容易辦了。於是，我再次前往華盛頓，將我的想法及這段時間的學習成果告訴羅斯福。結果，我獲得了跟隨羅斯福作第二次古巴之旅的機會。」

當弗萊邱感覺到羅斯福心中隱藏著的反感的時候，就見機而退，另外等待合適的時機，所謂的「以退爲進」就是這個道理了。

保險業推銷員基爾・布萊克從這個訣竅中學會了一種重要的手腕。布萊克說：「有一天，我闖進了一間辦公室去推銷保險，辦公室裡的那個人說，我已經是他在當天早上見到的第五個保險推銷員了。我就對他說：『我知道你肯定沒有興致聽我說話了。』他說：『不錯，你很聰明，我還沒有開口，你就知道我的意思了。』」

不久以後，他第二次去拜訪這個人時，就成功地拿下了一筆生意。亨利・弗萊邱說：「我不太做別人都想做的事情，但是我常推敲別人的心思，以此完成我想做的事。」

領袖人物主要目的是引導別人自願地聽從他們，樂意與他們合作。當然，有時候雙方產生一些反感和衝突也是不可避免的。只要本著尊重他人的原則去行事、滿足對方的要求，相信任何一個通情達理的合作夥伴都會被他們的誠意感動。

大多數人都不願意在勉強之下作出讓步，所以推銷員與顧客打交道時，必須特別注意不要顯露出勉強別人的態度。最好的辦法是使他有機會校正自己的觀點，以保全他的面子，如果你能想出一個絕妙的方法，使他立刻改正自己的意見，那麼問題就很容易解決了。

偵探小說創作家柯南・道爾，將著作的戲劇權賣給「戲劇界的拿破崙」查爾斯・弗羅曼時，有個小小的限制，他對弗羅曼說：「戲裡的福爾摩斯不許談戀愛。」

當時，弗羅曼答應了這個條件。但是在聘請威廉・吉勒特替柯南・道爾的小說改編成劇本時，弗羅曼並沒有透露這個條件。吉勒特爲了迎合美國觀眾的心理，增添了一些浪漫故事。

一年之後，弗羅曼和吉勒特在英國會見了柯南・道爾，吉勒特將他的原稿讀給柯南・道爾聽，對戀愛故事卻隻字未提，柯南・道爾對劇本表示了認可。

弗羅曼刻意避開了阻礙，如果弗羅曼一開頭就向柯南・道爾談起自己加了戀愛故事，一定會讓柯南道爾聯想到以前提出的那個限制。而事實證明，這一限制是不合理甚至是可笑的，這樣就會讓柯南・道爾很不自在，最後的結果很可能是：弗羅曼大獲全勝但傷了柯南・道爾的面子，或是柯南・道爾一味堅持自己的要求，事情無疑就陷入了僵局。

第一次世界大戰時期駐比利時大使布蘭德・懷特洛克說過：「有許多問題，倘若置之不理，自然而然就會解決，正如許多信件一樣，你不去理會，就等於已經回覆了。」

確實如此，有一位很成功的人物，有一個特別的抽屜，抽屜中裝著許多他難以回覆的信件。他不時地去翻檢那個抽屜，結果發現，隨著時間推移，再加上其他原因，大多數的信件就好像回信了一樣。

接納雅言

眞正偉大的人物，總是很謙虛地請別人對自己的意見提出評判，並因此得到別人的認同。所以，管理大師萊芬韋爾曾說：『「請問您的高見如何」，在我看來，比其他呆板的說法要有效得多。」

富蘭克林年幼時非常自傲，在與別人說話時，總帶著一種自信的神氣。有一次，一名長者當面指出了他的缺點。「你的說法，對每一個與你意見相左的人都無疑是一種打擊，所以，沒有人樂意聽。你的朋友們甚至覺得你不在時更舒服，這是很糟糕的。」

這位未來領袖人物的氣焰因此大挫。後來，經過認眞的反思，重新調整了自己的處事方式。他隨即採取了完全不同的策略，以謙虛的態度來表達自己的意見。

「當我碰到任何可能引起爭辯的話題時，絕不說『當然』、『無疑的』或其他過於肯定的話，而採用『在我看來』或『據我推想，大概是這樣的』，或是『如果我的看法沒錯，應該是這樣的』這類說法。」富蘭克林又說：「養成這種習慣，是很有好處的。以謙虛的態度提出意見，常常增加發言的機會，減少碰釘子的機率。」

「由於有了這種習慣，我才能影響我的人民。因爲我是個差勁的演說者，幾乎沒什麼辯才，常訥訥地尋思一些適當的字眼，而且發音還老是不準確。不過，我總算還能勉強表達我的意見。」

當然，有些時候，絕對的、獨斷的見解也有利於別人信任我們的意見和計劃。

一名對羅斯福的某幾項政策有不同看法的新聞記者，這樣評價羅斯福：「要保持與他的友誼，並不需要處處與他一致。當你和他意見相左的時候，他就會說：『親愛的朋友，妙哉妙哉，你到這裡來和我爭執這個問題，你眞是一個聰明人，但是在這一點上，我們兩個的見解存在分歧。讓我們來談些別的吧！』於是他就會施展出一種誘惑手段，使你不知不覺就會放棄自己的看法，接受他的意見。」

作爲英國政治史上最有權力的領袖之一——愛爾蘭人帕內爾也運用同樣的策略，獲得了愛爾蘭籍美國人的資助。他在遇到了許多阻力及不同意見時，總是採取少說多聽的策略。

如果想表示不贊成，我們可以運用豪斯提到的方法：「當你想表示反對的時候，最好保持沈默，在沈默中克制自己的情緒，傾聽別人的談話。」

Tips

尊榮之前必有謙卑，但絕對不是軟弱。——威盛陳文琦

兵不厭詐

要贏得他人的信任，就應該隱藏恐懼和疑慮。尤其在緊要關頭，要顯示出絕對的自信與鎮定。一旦決定做某件事，得抱著必勝的決心，堅定地走下去。

虛張聲勢

洛克斐勒在成為石油大王的過程中，虛張聲勢的策略發揮了不少作用。這位傳奇性的人物，憑藉著他那微薄的財力，想方設法收購了同業的許多工廠，創建了美孚石油公司。價格談妥後準備交易，是生死攸關的關鍵時刻，洛克斐勒說：「我們不得不虛張聲勢。」

「現在想起來有些好笑，但在當時是慎重其事的。我隨手抽出支票簿，同時裝出傲然的神氣和語調說：『你們願意直接拿支票，還是要美孚的股票？』結果他們大多選擇了股票，正中我們下懷。」

「假如當時人家不要股票而要現款，該怎樣辦呢？你不是常說資本短缺嗎？」福布斯向洛克斐勒問道。

洛克斐勒說：「我們總能想辦法應付，那時我們已經知道怎樣讓銀行放款給我們。」虛張聲勢的目的是支配人們的情感，領袖人物只須稍微誇示一下自己的實力，就能引起他人的信仰或畏懼。

洛克斐勒一面掩飾困境，一面展現實力，使他的競爭者相信他的前途。

洛克斐勒在早年擔任產品銷售商時，曾向一名富人借五千元，他向這位富人保證：日後願意在這位富人的事業上投下兩倍的資本，結果這位富人信以爲眞，把錢如數借給了他。

胡佛在初入社會時，採用的也是同樣的手法。他到舊金山著名的工程師賈寧那裡求職時，賈寧表示他並不需要助理，而且候補人員名單已經有一長串了。不過，他倒是需要一名打字員，胡佛說他願意接受打字員這一職位，不過必須四天以後才能正式上班。

因爲當時胡佛根本不知道怎樣使用打字機！他打算在四天之內學會打字，結果他如願以償。

克萊斯勒早年也有過同樣的經驗。一天早上，鐵路工人大多下班了，鐵路局正準備將一輛機車裝妥，預計當天下午三點左右開出去。當時克萊斯勒恰巧在旁邊，鐵路局人員便問他能否完成這件事。克萊斯勒雖然毫無經驗，但他像胡佛一樣，掩飾疑慮而裝出自信的樣子，他向有經驗的人請教之後，便開始動手，結果那輛機車準時安裝完畢。

據克萊斯勒說，這件事成了他一生事業的轉捩點。三個月以後，他因此得到了在另一條鐵路線擔任工場總指揮的職務。在三十三歲時，被升任爲工程監理，這是芝加哥大西鐵路成立以來最年輕的一個工程監理。就這樣，他邁向了成爲美國著名工業領袖的路程。

有時，領袖們會誇大自己所面臨的困難，以此顯示他雄厚的實力。威斯汀豪斯初次攜帶天然氣到匹茲堡時，人們對他能否供應充足的煤氣表示懷疑，大家都持觀望的態度，不敢輕易投資。有人做了一項統計，匹茲堡全市每天大約需要三千萬噸煤氣，這個數量使大家聽了非常吃驚，威斯汀豪斯對此不但不否認，反而故作驚人之語，表示不久以後，每天的需求量將達到四億噸而非三千萬噸！結果得到了一般人的信任，這正是他期望的。

成功者表現這種虛誇的行爲時，總是會很愼重地選擇時機，而且會將其作爲預定計劃的一部分。只有弱者才會盲目這樣做，因爲他們只是爲了誇耀而已。

一名委託人臨時改變主意，決定把廣告交給另一個廣告商辦理，特來向廣告經紀人聲明。

「你爲什麼決定這麼做呢？」廣告經紀人問。

「因爲你們的廣告並沒有什麼效果。」

「僅僅爲了這個理由嗎？」

「正是。」

「哦，我認爲這個理由並不成立，我們的廣告素來是有很好的效果的。你畢生從事於製造業，而我畢生從事於廣告業，關於廣告我了解得比你多，況且你是英國人，我是美國人，我知道該怎樣製作迎合美國人的廣告。」

這名廣告經紀人因此保全了這筆重要的生意。

率直與強勢用得恰當時，不失爲一種有力的工具。

若無其事

一九〇七年的經濟恐慌搞得人心惶惶，威斯汀豪斯急忙將電氣公司申請破產。但是，第二天到公司參觀的人看到工人們照常忙碌地工作著。

威斯汀豪斯接見了他的代理人，談笑自如，毫無憂色！他的坦然是其下屬和股東們有目共睹的，於是局勢急轉直下，他開始發行新股票，結果五千名員工一共認購了六十萬元的股票。

無論何時，領袖對下屬的號召力都來自自信。真正的領袖不會把疑慮表現出來。尤其是在患難時，他更要表現出泰然自若的姿態，才能鼓舞他人。

哈理曼在事業衰退之時，大刀闊斧地把頹敗的聯邦太平洋鐵路變成營運狀況最好的鐵路公司。他能夠獲得執行委員會的贊助，完全是憑著一種無可質疑的自信。

在蓋茨堡戰役中，受傷的西克爾斯將軍躺在擔架上被抬回，在經過士兵身邊時，他叼著煙，笑語依然。於是，軍心大振，即刻凱旋而歸。

一般人很容易受到情緒感染，領袖們略微流露憂懼，就會立刻在部下心中留下深深的烙印；而領袖的自信也能輕而易舉地激起下屬們的熱情。

越是在危急存亡之際，能幹的人越能掩飾疑懼，就像演員登臺表演一樣，將恐懼拋諸腦後。要贏得他人尤其是下屬們的信任，就應當隱藏恐懼和疑慮。尤其是在緊急關頭，要顯示出絕對的自信與鎮靜。

這種方法用在競爭的場合時，目的當然就完全不同了。在那種場合，領袖們炫耀其實力，乃是爲了引起對手的畏懼。

哈理曼和其他商業領袖往來時，常常憑著「膽大妄爲」而穩操勝券。卡恩說：「哈理曼先生頗喜歡虛張聲勢的行爲，但是他不會冒然地使用這個招數，在事前必定會有所準備。如果有人試圖試探他的實力，他一定有所回應，使對手絕不敢再輕視這個實力雄厚的大敵。」

前參議院議員布賴斯以另一種虛張聲勢的方式，將鍍鎳鐵路出售給凡德比爾特。這條鐵路原來與凡德比爾特的鐵路並行，但因爲經營不善瀕臨破產，當布賴斯向凡德比爾特兜售這條鐵路時，凡德比爾特不置可否。

於是，布賴斯慫恿古爾德幫忙他，他在報紙上宣稱古爾德有意收買鍍鎳鐵路，讓古爾德坐在火車上經過這一路段，悠閒地抽著雪茄。這個方法果然奏效了，在古爾德到達芝加哥之前，凡德比爾特突然致電布賴斯，表示他願意收買鍍鎳鐵路，布賴斯的計策得逞了。

以逸待勞

約瑟夫．喬特能成爲紐約一家著名律師事務所的合夥人，並非偶然。這位未來司法界的領袖不但才能出眾，還善於運籌帷幄。

不過在數年前，他只是一家事務所的辦事員。後來，他覺得毫無發展前途，便毅然離去，另謀出路。離開這家事務所之後不久，他原來的老闆埃瓦茨表示，希望他能再回來工作。

喬特假裝不明白他的意思，埃瓦茨期待他回去的意圖越強烈，喬特的反應就越無動於衷。喬特說：「埃瓦茨起初問我有沒有認識什麼年輕人，可以介紹到他的事務所去幫忙，我當然說沒有。但是他持續逼進，最後才說：『你似乎不明白我的意思，我想讓你回所裡當律師。』」喬特得到了自己期望的結果。

在與人談判或磋商時，隱藏自己的眞實意圖，往往會產生意想不到的效果。可能的話，不妨先讓別人發言，讓他先露口風。

愛迪生剛滿二十歲時，在金業證劵及電報公司擔任電氣工程師，改善了當時的通信器。

有一天，公司裡的兩位董事找到愛迪生，請他到經理室去，要和他談購買金價通信器發明權。愛迪生想，若是能賣到五千元就好了，但與其賣不掉，不如隨便什麼價錢都接受，因爲自己正需要一筆錢，以預備作進一步的實驗。

「哦，愛迪生先生，」經理來福茲說：「你的發明要賣多少錢？」愛迪生回答：「你看值多少錢？請你開個價吧。」「四萬元，你覺得怎麼樣？」聽到這個數額，愛迪生簡直喜出望外！愛迪生之後能獨立經營製造及發明事業，就是依靠著這四萬元。

「請你開個價吧！」這句話變成愛迪生千篇一律的回答，他用這個方法又把兩種不同的發明賣給了西聯電報局，各得十萬元。

愛迪生讓別人先開口，結果反而是自己占到便宜，我們在交易也時常用此法佔上風。我們常見的成功人士，有時雖然將發言權讓給他人，實際上卻贏得了優勢。

芝加哥著名地產經紀人桑德勒也利用這種技巧做成一筆大生意。一般人在簽訂合約之前，往往會因猶豫而提出反對或延緩的理由，桑德勒克服了這個困難。

桑德勒到客戶的辦公室之前，合約早就準備好了，但是他並不急著拿出來，反而和客戶談論著棒球、高爾夫球和其他客戶有興趣的事。客戶終於忍不住了，問道：「合約怎麼樣了？」桑德勒便將合約拿出來，客戶馬上就簽了字。

費爾斯通早就看準了克立斯底，跟蹤他到芝加哥，並和他住進了同一家旅館，暗地裡觀察他的動靜，目的只在於：等克立斯底進入餐廳時「偶然地」遇見他。

費爾斯通說：「我們一起吃早餐，他問到我們公司的營業狀況，在早餐完畢以前，他已經認購了一萬元股票。以後，克立斯底先生繼續購買我們的股票，約計五萬元之多，最後他成爲我們的經理，在我們正需要扶助的時候，給予我們莫大的支援。」

費爾斯通因爲剛開始時掩飾了熱切的情緒，才得以樹立大規模的車胎工業的基礎。

成功人士所用到的策略，沒有比隱藏自己的思想和情感，這個策略更加有趣了，而且普遍地被人討論著。但是，這種策略不是輕易就能做得到的，你必須認眞地去瞭解對方的性格，嚴密地觀察他的反應，最後還要認清乖巧與狡猾的截然分別。

Tips

如果你對自己有信心，真相和信心將是你最大的資產。這是推銷自己時該牢牢記住的一點，但也許是最難發覺的一點。——戴爾・卡內基

反擊之道

領導的首要方式是與人爲善，獲得別人由衷尊敬與自願合作。但是，如果他人過分地僭越時，就得隨時準備反擊。

迎頭痛擊

林肯前秘書約瑟夫・巴克林主教講述了林肯的一件逸事。他說：「有一天，我和他坐在一起說著話，門外走進一個前來求職的人，這個人接連來了好幾個星期，他再度提出了他的請求，林肯便對他說：『我的朋友，這是沒有用的，我不能給你安排那個位置。』」

「那個人聽了惱羞成怒，很不客氣地說：『總統先生，我知道你是不肯幫我這個忙了。』林肯的修養向來是無人能比的，此時，他也已經忍無可忍了。他注視了那個人大半天，然後從椅子上慢慢地站起來。」

「他走到那個人坐著的地方，一把揪著他的衣領，把他拉到門口，猛地一推，把他推倒在門外，然後關上門，又回到座位上。那個人爬起來後，大聲叫道：『把我的證書還給我！』林肯從桌上拿起一堆文件，走到門口，向外一擲，重新把門關上，再回到座位上。這件事，林肯始終沒再提過。」

我們看到，溫和、隱忍的林肯在必要的時候也是會發怒的。

領導者精通全部的戰略——明槍暗箭、冷嘲熱諷、掄拳舞錘，無所不能。他們知道每個人在必要時應該有自衛的舉動，挺身戰鬥，不僅是爲了維護自己的自尊，還要讓人不敢小看自己。他們更知道發怒是支配人的力量，惟有弱者才沒有敵人。

可是，他們絕不以引起他人畏懼爲最終目的，也不是易怒和好鬥的。商業鉅子伏克蘭的話一語中的，他說：「凡是必要的戰鬥，我從不迴避。」只有在戰鬥成爲控制大局的不二法門時，領導者才毫不猶豫地出手，用最便捷、最可靠的方式取得勝利。

幽默有時亦不失爲一種戰鬥方法。

珀欣將軍曾因道斯的搗亂，稍微諷刺了一下他，當時道斯以副總編的身份出席慶祝列克星敦和康科德戰役一百五十周年紀念的盛典，他是這一盛典的明星主持人。珀欣一直和他在一起，每到一個檢閱台或慶祝廳，道斯必定會高呼珀欣之名，並向大家介紹道：「這就是當今美國最偉大的軍人——珀欣將軍！」珀欣對此頗爲惱火。當節目稍有中斷之際，珀欣乘機放了一枝冷箭，終於使道斯安靜了下來。當道斯吹捧珀欣時，珀欣應聲答道：「嗨！查利，你這位當今最偉大的副總編有何吩咐？」

譏嘲諷刺

格理利以沉默不語教訓了一名怒氣沖沖的政客。此人是某一政黨領袖，因爲格理利不擁護該黨的某項黨章，特地到辦公室訴說他的罪狀。這名政客指控格理利爲該黨叛徒，企圖破壞該黨，並編派其他罪名。

格理利當時正在寫稿，看見他進來，依舊振筆疾書，好像根本不知道他在旁邊。來客見他如此冷淡，頓時更覺火上澆油，提高了音量，變本加厲地辱罵起來，可是，格理利依然默默地寫著。來客無可奈何，在屋子裡兜了一圈，然後又回到桌子旁，滔滔不絕地又說了一遍，格理利還是不停地寫。來客把這套把戲重複了好幾遍，結果總是一樣。直到他詞窮怒息，準備開門離去。

就在那扇門將閉未閉之際，格理利停了筆，臉上露出微笑，和藹可親地說：「不要走嘛！再繼續說吧！」

林肯也曾以同樣的態度對付一個在內亂時期爲難他的下屬，這個人是一個國會議員，名叫甘森，他是一個禿子。正當內戰處於最黯淡的時期，他跑到林肯那裡，請求林肯立刻告訴他前線的戰況，作爲他一直擁護政府功勞的報答。林肯注視了他一會，然後說：「甘森，你的頭剃得好光滑呀！」林肯以這句語結束了他們之間的會談。

律師喬特辦理重大的案件時，也已同樣的詞鋒得以勝訴。他推翻了十六年前軍事法庭宣判波特將軍有罪的判決。當時「全身戎裝」的陸軍參將出來作證，對此表示異議，內容相當冗長。

喬特表現了他特有的單純姿態，他說：「我們已經洗耳恭聽了著名美國陸軍參將的高論，他那長篇的辯論，使我想起從前對田納西神學院畢業班的忠告：諸位學生，有一件事必須牢牢記住，切勿作太長的禱告，記得，上帝只知道一件事情。」

領導者對付冒犯他們的人，會採用單刀直入的懲罰辦法。但是，這通常是在對方沒有反駁餘地的時候才使用。

在律師辯論的過程中，法官布倫特總喜歡和別的法官談話，對此，誰也不敢抗議。當喬特遇到這種情況，立即停止發言，交叉著雙臂，凝視著法官們，法庭內一片寂然。布倫特覺察到了異常的寂靜，轉過頭來，狐疑地看著這位緘默的律師。

喬特馬上表示，「法官閣下，我只有四十分鐘來作最後的辯護了，我不能再浪費任何一秒鐘，而且，我更需要你專心的聆聽。」

「你將得到你要求的。」布倫特應聲回答，他兩頰微紅，顯然承認了自己的過失。

不屑一顧

有一天，一名暴漢闖入洛克斐勒的辦公室，以拳頭猛擊桌面，大發雷霆地說：「洛克斐勒先生，我恨你，你這個虛僞的傢伙，你做了多少傷天害理的事，我要控告你！」

他對洛克斐勒肆意謾罵，有十幾分鐘之久，辦公室裡的職員聽得清清楚楚，大家都以爲洛克斐勒會拿起墨水瓶砸向無禮的莽漢，或是吩咐警衛把他趕出去。但是，洛克斐勒並沒有這樣做。他露出和善的神情注視著這個人，那個人越暴躁，他就越溫和。他把身子向那個人靠近了一些，好像想把他說的每一個字都牢記在心似的。

那個不速之客被弄得莫名其妙，漸漸地平息下來。憤怒沒有受到反擊，是不能持久的，他終於戛然而止了，似乎在等待洛克斐勒的答覆。洛克斐勒仍舊一聲不吭。那個人又在桌子上敲了幾下，仍舊無濟於事。最後他不好意思地向門口走去。當門「砰」的一聲關上時，洛克斐勒拿起筆桿，從剛才中斷的地方繼續寫下去。之後他始終不曾提過這件事。

美國富翁因爲出言不遜激怒了豪斯上校。過後，那位富翁打電話致歉，豪斯總推說事忙，不接電話。據豪斯說，這就是懲戒自以爲是的人最好方法。

有時對付敵人的有效策略就是假裝漠不關心，使對方不能自制地發起脾氣。

格拉德斯通最有名的政敵迪斯雷利曾經用過這種策略，當格拉德斯通攻擊他時，迪斯雷利必定交臂靜坐，屹然不動，惟頻頻向壁上的時鐘看去，或就是整理被格拉德斯通拳頭移動的東西，這種輕侮實在比反唇相譏更使人難堪。

成功者每戰必捷的原因之一，就是在對手失態時，依然能沈著應戰。發怒也是一種戰略，但只有在穩操勝劵時，他們才會用到它。並且，知道怎樣控制或運用自己的憤怒，應付每一個人、每一種場合都能選擇最好的攻擊方法；在攻擊之前，預先布好陣勢；必要時，預先決定需要採取的策略。

Tips

今天的成就並不能保證明日的成功。成功不能帶給你下次成功的經驗，只帶給你無知與膽怯。——鴻海郭台銘

New Way系列

NEW WAY01
領袖風格
林有田◎著
定價280元

好領導不是天生的，而是後天訓練而來，
這10堂有效領導課程，教你以核心領導人因應組織運作方式，
你就是最佳領導人！
本書將教你有效發揮領導的藝術、技能和素養，
協助你開發領導潛能，在正確的時機，以信念和熱忱完成正確的事。

NEW WAY02
人際致富
王琳◎著
定價200元

本書教你，與上司相處之道、領導企業的祕訣、
非常人際障礙解析、非常人際建立方法、非常人際播種定律
、鯉躍龍門的方法。
掌握五大管理功能、六大管理能力，
不論向上或向下，暢通你的人脈網絡，輕輕鬆鬆用人脈賺錢！

NEW WAY08
幽默智慧輕鬆學
賴淑惠◎著
定價200元

想要輕鬆致富，除了專業能力之外，更須擁有幽默的創造力。
幽默可以雕塑智慧、活化心靈，更可以積極創造事業成功與財富。
本書提供你55個幽默賺錢法則，讓你輕鬆學幽默，立刻變成萬人迷，
巧妙運用幽默法則，創造個人無限錢途。

NEW WAY10
CEO總統盧武鉉
盧武鉉◎著
定價280元

本書由韓國新任總統盧武鉉先生親筆撰寫，
敘述他擔任韓國海洋水產部長時期，所發生的事件與其處理的方式。
書中詳盡闡述盧武鉉先生的領導風格及獨特的政治理念，
也是專爲政治家、企業家量身打造的八堂領導課程。

New Way 匡邦文化 在閱讀與思考中創造未來

New Way14

CEO領導力

作　　者　John Morgan & Ewing Webb
譯　　者　王權典
總 編 輯　林淑真
主　　編　廖淑鈴
內頁編輯　小題大作製作群
出 版 者　匡邦文化事業有限公司
聯絡地址　116 台北市羅斯福路四段200號9樓之15
E-Mail　dragon.pc2001@msa.hinet.net
網　　址　www.morning-star.com.tw
電　　話　(02)29312270、(02)29312311
傳　　真　(02)29306639
法律顧問　甘龍強律師
出版日期　2003年6月第1版第1次印行
總 經 銷　知己實業股份有限公司
郵政劃撥　15060393
台北公司　106台北市羅斯福路二段79號4樓之9
電　　話　(02)23672044、(02)23672047
傳　　真　(02)23635741
台中公司　407台中市工業區30路1號
電　　話　(04)23595819
傳　　真　(04)23595493
定　　價　210元

Printed in Taiwan
如有破損或裝訂錯誤，請寄回本公司更換

國家圖書館出版品預行編目資料

CEO領導力 / John Morgan & Ewing Webb著.
王權典譯. -- 第一版. --臺北市 :
匡邦文化, 2003[民92]
面 ; 公分. --(New way ; 14)

ISBN 957-455-426-0 (平裝)
1. 口才 2. 成功法

192.32 92005899

讀者回函卡

您寶貴的意見是我們進步的原動力！

◎ 購買書名：CEO 領導力

◎ 姓　　名：________________

◎ 性　　別：□女　□男　　年齡：　　歲

◎ 聯絡地址：________________　電話：________________

◎ E-Mail：________________

◎ 學　　歷：□國中以下　□高中　□專科學院　□大學　□研究所以上

◎ 職　　業：□無　□學生　□教　□公　□軍警
□服務業　□製造業　□資訊業　□金融業　□自由業
□醫藥護理　□銷售業務　□大眾傳播　□ＳＯＨＯ　□家管　□其他

◎ 您從何處得知本書消息：________________
□書店　□報紙廣告　□朋友介紹　□電台推薦　□雜誌廣告　□廣播　□其他

◎ 您喜歡的書籍類型（可複選）：
□哲學　□文學　□散文　□小說　□宗教　□流行趨勢　□醫學保健　□財經企管
□傳記　□心理　□兩性　□親子　□休閒旅遊　□勵志　□其他

◎ 您對本書的評價？（請填代號：1. 非常滿意　2. 滿意　3. 普通　4. 有待改進）
封面設計________　版面編排________內容　________　文／譯筆________

◎ 讀完本書之後，您覺得：□很有收穫　□有收穫　□收穫不多　□沒收穫

◎ 您會介紹本書給朋友嗎？　□會　□不會　□沒意見

◎ 請您寫下寶貴的建議：

____

____

____

____

廣　告　回　函
台灣北區郵政管理局登記證
北台字第16079號

116 台北市羅斯福路四段 200 號 9 樓之15

匡邦文化事業有限公司　編輯部 收

請對折黏貼後，直接郵寄

寄件人：

地址：□□□＿＿＿＿＿＿縣／市　＿＿＿鄉／鎮／市／區

＿＿＿＿＿＿＿＿路／街＿＿＿段＿＿＿巷＿＿＿弄

＿＿＿＿號＿＿＿樓